C·H·Beck

PAPERBACK

Dieses Buch vermittelt grundlegende Einblicke in den jüdischen Glauben. Im Mittelpunkt stehen die religiösen Ideen, die Glaubenspraxis und die Frage nach jüdischer Identität. Dabei kommen unterschiedliche Auslegungen und Strömungen zur Sprache, die die große Vielfalt der jüdischen Religion bis heute ausmachen. Zur Sprache kommen aber auch säkulare Formen jüdischen Lebens. Insgesamt bieten die Fragen und Antworten, die nach Themen wie «Gesetz und Ethik», «Symbole und Zeichen», «Gebet und Gottesdienst» oder «Israel und Diaspora» angeordnet sind, eine umfassende und kurzweilige Einführung in die jüdische Religion.

Andreas Brämer, geb. 1964, ist stellvertretender Direktor des Hamburger Instituts für die Geschichte der deutschen Juden.

Andreas Brämer

Die 101 wichtigsten Fragen
Judentum

C.H.Beck

1. Auflage in der Beck'schen Reihe 2010

Mit 11 Abbildungen

Meiner Frau Elisabeth gewidmet in Liebe.
Danke für Frederic Mauritz und Florian Micha David!

Originalausgabe

2., durchgesehene Auflage in C.H.Beck Paperback 2015
© Verlag C.H.Beck oHG, München 2010
Satz: Fotosatz Amann, Memmingen
Druck und Bindung: Druckerei C.H.Beck, Nördlingen
Umschlaggestaltung: malsyteufel, willich
Umschlagbild: Tora-Rollen, © The Art Archive /
Fondation Roger Fleischmann, Paris / Kharbine-Topabor /
Foto S. Ageorges
Gedruckt auf säurefreiem, alterungsbeständigem Papier
(hergestellt aus chlorfrei gebleichtem Zellstoff)
Printed in Germany
ISBN 978 3 406 68642 9

www.beck.de

Inhalt

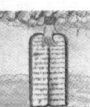

Schabbat und Festkultur 81

Lebenszyklus und Geschlecht 100

Einheit und Vielfalt   128

Israel und Diaspora   133

Zum Schluss 148

Zur Einleitung

1. Was ist das Judentum? An einer Definition des Begriffs «Judentum» haben sich bereits zahlreiche Autoren der philosophischen, theologischen, religionswissenschaftlichen und historischen Zunft versucht. Das simple Kriterium, dass es sich bei Jüdinnen und Juden um Bekenner und Praktizierende einer Religion handele, die man Judentum nennt, ist in mehrfacher Hinsicht ungenau: Vor allem in der Neuzeit kehren viele jüdische Menschen dem jüdischen Glauben den Rücken, ohne deshalb jedoch ihre jüdische Identität zu verleugnen. Und jene, die an einem religiösen Bekenntnis zum Judentum festhalten, werden in der Regel ihr Judesein nicht von ihrer Frömmigkeit abhängig machen wollen, sondern sie eher als dessen Ausdruck begreifen. Im Übrigen präsentiert sich selbst das religiöse Judentum höchst uneinheitlich. Schließlich bleibt bei einer Zuordnung aufgrund von Glaubenskriterien unklar, ob etwa Gruppierungen, die der Häresie bezichtigt werden, oder messianische Juden (*s. Frage 21*) noch innerhalb des Judentums stehen.

Das alternative Selbstverständnis vieler Juden als Angehörige einer Abstammungsgemeinschaft wirft zugleich zahlreiche neue Fragen auf. Aus der Vorstellung der Kontinuität von unzähligen Generationen, der Zugehörigkeit zu einem «Stamm», wurden und werden Verpflichtungen gegenseitiger Solidarität abgeleitet. Allerdings sind Außenheiraten und Glaubensübertritte zum Judentum eine Wirklichkeit, die bereits in der Hebräischen Bibel zur Sprache kommt und sich in der gesamten jüdischen Geschichte bis heute fortsetzt. Die These von der vermeintlichen gemeinsamen Herkunft der Juden hat zudem in den letzten 150 Jahren allzu häufig dazu gedient, hierarchisierende Rassediskurse zu begründen und Juden als «die Anderen» auszugrenzen. – Auf der Suche nach einer weltlichen Definition jüdischer Identität hat sich auch der Begriff der «Nation» als geschichtsmächtig erwiesen. Vor allem im Zionismus hat die Vorstellung von der realen Einheit aller Juden großen Zuspruch gefunden. Doch «Nation» ist eben keine überzeitliche, ontologische Kategorie, sondern konstituiert im Grunde eine vorgestellte Gemeinschaft. Selbst ein Ethnizitätskonzept, das den sozialen Konstruktionscharakter von Ethnien als Wir-Gruppen bestätigt, vermittelt den Eindruck einer Geschlossenheit aufgrund von bestimmbaren Kriterien, die aber weder der kulturellen und geographischen Vielfalt jüdischer Lebenswelten gerecht wird noch die Heterogenität jüdischer Selbstzuschreibungen berücksichtigt.

Dass das Judentum in unzähligen Variationen existiert und eine widerspruchsfreie Klassifizierung nach konventionellen Kategorien scheitert, darf uns allerdings nicht dazu verleiten, ganz auf den Versuch einer Definition zu verzichten, weil andernfalls auch «die Juden» als kollektives Subjekt abhanden kommen. Es mag helfen, Judentum als Konstellation von Elementen aus Glaube, Ritual, Tradition, Kultur, Abstammung, Geschichte und kollektivem Zusammenhalt zu verstehen – eine variable Zusammensetzung von möglichen Attributen, die sich in unterschiedlichen Ausprägungen auf einen als jüdisch verstandenen Sinnzusammenhang beziehen, sich aber niemals alle gleichzeitig in ihrer vollen Bandbreite manifestieren. Solche definitorischen Unschärfen ermöglichen es sehr wohl, die Juden als eine fassbare Einheit in den Blick zu nehmen.

2. Wer ist Jüdin oder Jude? Die Bezeichnungen «Judäer» und «Jude» gehen beide auf das hebräische Wort *Jehudi* zurück. Bei den Judäern handelte es sich ursprünglich um Angehörige des Stammes Juda bzw. um die Bewohner des Königreichs Judäa im Süden von Palästina. Erst nach der Rückkehr aus dem babylonischen Exil wurde «Jehudi» zur Bezeichnung eines Angehörigen des jüdischen Volkes benutzt. Seit dem Mittelalter findet der Begriff «Jude» vor allem Verwendung, um die Bekenner der jüdischen Religion zu bezeichnen. Vermied man im 19. und frühen 20. Jahrhundert diesen Ausdruck als herabsetzend, hat er mittlerweile seinen negativen Klang verloren und sich allgemein durchgesetzt. Traditionell verwenden Juden selbst häufig den ursprünglichen Volksnamen «Israel», um die eigene religiöse Gemeinschaft zu benennen.

Abhängig vom Standpunkt des Betrachters lassen sich die religiösen Zugehörigkeitskriterien unterschiedlich auslegen. Das rabbinische Religionsgesetz definiert das Judesein zunächst nach dem objektiven Gesichtspunkt der Abstammung. Jude ist demnach, wer eine jüdische Mutter hat (Mischna Kidduschin 3,12). Nicht zuletzt unter dem Eindruck der steigenden Zahl gemischtkonfessioneller Ehen haben die progressiven Strömungen des amerikanischen Judentums diese traditionelle Position inzwischen hinter sich gelassen, indem sie auch die Herkunft des Vaters als ausreichende Bedingung der Zugehörigkeit zum Judentum anerkennen, vorausgesetzt, dass das Kind eine jüdische Erziehung erhält. Sowohl das konservative als auch das gesetzestreue Judentum (s. *Frage 4*) betrachten aber weiterhin die matrilineare Herkunft als entscheidenden Gesichtspunkt jüdischer Identität. Eine Einigung in dieser Auseinandersetzung ist nicht in Sicht.

Bleibt die Frage, ob eine Person, die als Jude geboren wurde, jedoch einen anderen Glauben angenommen hat, weiterhin Mitglied der Erwählungsgemeinschaft bleibt. Das jüdische Recht enthält Hinweise, denen zufolge auch «Abtrünnige» nicht aus der kollektiven Verpflichtung zur Bundesgefolgschaft entlassen sind; sie gelten demnach weiterhin als Juden und können jederzeit den Weg der Umkehr und Buße beschreiten.

3. Kann man Jude werden? *Nicht durch Geburt allein* heißt ein Buch, das sich mit dem Thema Konversion zum jüdischen Glauben befasst. Übertritte zum Judentum sind prinzipiell möglich und in der Tat hat die jüdische Religion immer wieder eine Faszination auf Angehörige anderer Bekenntnisse ausgeübt. Sowohl die geglaubte als auch die erlebte jüdische Geschichte kennt zahlreiche Beispiele für die Konversion von einzelnen Personen oder ganzen Gruppen. Eine besondere Stellung im kulturellen Gedächtnis der Juden nehmen die Chasaren ein, ein Turkvolk, dessen Oberschicht vermutlich im 8. Jahrhundert nahezu geschlossen die jüdische Religion annahm. Dennoch kennt das Judentum, anders als das Christentum und der Islam, keine systematische Mission, da sich die Gültigkeit und Verpflichtung des sinaitischen Bundes auf die Nachkommen der Israeliten beschränkt. Auch die Jahrhunderte während Diasporasituation der Juden als diskriminierte und sozial ausgegrenzte Minderheit erklärt deren Zurückhaltung, offensiv für den jüdischen Glauben zu werben. Erst das Reformjudentum hat wieder zu einer offeneren Haltung gefunden, indem es grundsätzlich positiv auf den Konversionswunsch von Nichtjüdinnen und Nichtjuden reagiert.

In keinem Fall genügt jedoch die bloße Absichtserklärung einer Person, dass sie den Glaubenswechsel vollziehen möchte. Die jüdische Tradition knüpft den Übertritt (Gijur) an zahlreiche Bedingungen und regelt das Verfahren tendenziell restriktiv: Ein Kandidat ist zunächst auf die Unterstützung eines autorisierten Rabbiners angewiesen, der sich von der Lauterkeit seiner Motive überzeugt und ihm beim vorbereitenden religiösen Studium zur Seite steht. Der eigentliche Übertritt erfolgt vor einem aus drei Personen bestehenden Religionsgericht (Bet Din). Ein Besuch des rituellen Tauchbads, der Mikwe (s. *Frage 72*), geht der Aufnahmezeremonie voraus. Männer müssen sich außerdem einer Beschneidung der Vorhaut (s. *Frage 65*) unterzogen haben. Ein Proselyt verpflichtet sich nicht nur zur Erfüllung der religiösen Ge- und Verbote, sondern er erwirbt bis auf wenige Ausnahmen auch alle Rechte geborener Juden. Allerdings ist die jüdische Gemeinschaft von einem Konsens in der Konversionsfrage weit entfernt, da das orthodoxe Judentum Konvertiten, die bei einem konservativen oder progressiven Rabbiner übergetreten sind, die Anerkennung verweigert.

4. Gibt es Konfessionen im Judentum? Bereits die traditionelle jüdische Gesellschaft vor der Aufklärung hat sich entgegen landläufigen Vorstellungen in Fragen der religiösen Weltdeutung nie völlig einheitlich präsentiert. Unterschiedliche Auslegungen des jüdischen Rechts bei sefardischen und aschkenasischen Gelehrten (s. *Frage 88*), Auseinandersetzungen über den Stellenwert kabbalistischer und philosophischer Reflexionen, der Streit über den Pseudomessias Sabbatai Zwi (gest. 1676) oder die Konflikte zwischen den Chassidim und ihren intellektualistischen Gegnern, den Mitnagdim (s. *Frage 89*), bezeichnen wichtige Episoden der jüdischen Religionsgeschichte.

Die unterschiedlichen Strömungen des modernen Judentums entfalteten sich jedoch erst seit dem 19. Jahrhundert, als sich die Juden Mitteleuropas auf ihrem Weg aus dem Ghetto in die bürgerliche Gesellschaft mit den Herausforderungen der Moderne konfrontiert sahen. Bereits um 1850 setzte sich das religiöse Spektrum aus den verschiedensten orthodoxen und reformerischen Orientierungen zusammen: Einerseits formierte sich neben einer emanzipations- und assimilationsfeindlichen «Alt-Orthodoxie», die allmählich zu einer Quantité négligeable schrumpfte, die «Neo-Orthodoxie», die ihre Treue zum Religionsgesetz und ihren Glauben an die göttliche Inspiration sowohl der Bibel als auch des Talmud mit einer zustimmenden Haltung zur europäischen Kultur und Bildung verband. Andererseits existierten mehr oder weniger radikale Spielarten des Reformjudentums, das die Offenbarung nicht als einmaliges Ereignis, sondern als kontinuierlichen Prozess betrachtete und dessen ethischer Monotheismus sich eher auf die Propheten als auf die Halacha (s. *Frage 23*) berief. Die Reformer verschafften der deutschen Predigt, Chorgesang und Orgelspiel Einzug in die Synagoge, deren Liturgie sie zugleich veränderten, um ihrem Wunsch nach Integration in die nicht-jüdische Gesellschaft Ausdruck zu verleihen. Die Orthodoxie hingegen erteilte theologisch motivierten Eingriffen in den Kultus eine strikte Absage. Zwischen Reform und Orthodoxie positionierte sich zudem eine gemäßigt konservative Strömung, bei der sich der Glaube an einen Offenbarungskern des Judentums mit einem Bekenntnis zur historischen Entwicklung der Tradition verband.

Im deutschen Kaiserreich erlangte die Reform als «Liberales Judentum» in den meisten Synagogengemeinden die Vorherrschaft. Die Orthodoxie, die sich selbst auch mit den Begriffen «gesetzestreues» oder «toratreues» Judentum beschrieb, wusste sich zugleich als selbstbewusste Minderheit zu behaupten – entweder unter einem gemeinsamen organisatorischen Dach mit den religiös Liberalen oder in streng frommen Trennungsgemeinden. Die Nationalsozialisten zerstörten diese religiös-kulturelle Vielfalt, als sie die jüdischen Deutschen vertrieben oder ermordeten. Erst in der jüngeren Vergangenheit der Bundesrepublik, nicht zuletzt unter dem Eindruck der Zuwanderung aus den Staaten der ehemaligen Sowjetunion, weicht das Prinzip der lokalen Einheitsgemeinde, das jahrzehntelang auf eine orthodoxe Gestaltung des Gottesdienstes und der religiösen Institutionen hinauslief, allmählich wieder einer pluralistischen Anschauung von gelebter Frömmigkeit. Die Gründung von liberalen Gemeinden und konservativen Einrichtungen zeugt von dem Wunsch, religiöse Positionen auch jenseits der Orthodoxie wieder dauerhaft in Deutschland zu etablieren.

Kontinuierliche Entfaltungsmöglichkeiten boten sich den religiösen Strömungen in den USA, wo gesetzestreue, konservative (Conservative Judaism) und fortschrittliche Gruppierungen (Reform Judaism) zwar anfänglich die gedanklichen Impulse aus Deutschland aufnahmen, sich aber im Verlauf des 19. Jahrhunderts von ihren Vorbildern emanzipierten. Im 20. Jahrhundert entstanden dann weitere Gruppierungen. Eine Abspaltung vom rechten Flügel des Konservativen Judentums ist die Union for Traditional Judaism. Ebenfalls aus dem Konservativen Judentum hervorgegangen ist der progressiv orientierte Rekonstruktionismus (Reconstructionism), der das Judentum als umfassende religiöse Zivilisation beschreibt. Dabei verzichtet er auf den Glauben an einen außerweltlichen persönlichen Gott, erklärt Gott vielmehr als eine natürliche und in der Geschichte wirkende Macht. Ganz ohne Gott kommt das Humanistische Judentum (Humanistic Judaism) aus, das aber bislang nur wenig Zuspruch findet.

Insgesamt sind die nichtorthodoxen Strömungen ein Phänomen des aschkenasischen Judentums in Europa und Amerika, in der sefardischen Welt sowie in der übrigen Diaspora haben sie kaum eine Rolle gespielt. Auch in Israel sind konservative und progressive Gruppierungen zwar präsent, angesichts eines orthodoxen Oberrabbinats, das mit staatlichen Privilegien ausgestattet ist, bleibt ihr Einfluss auf das religiöse Leben jedoch begrenzt. Im jüdischen Staat verlaufen die Fronten in erster Linie zwischen säkularen und gläubigen Jüdinnen und Juden. Aber auch die israelische Orthodoxie weist unterschiedliche Schattierungen auf: Einander gegenüber stehen nationalreligiöse Juden und militante Antizionisten (Neture Karta), Lubawitscher und andere Chassidim (*s. Frage 89*) sowie aschkenasische und orientalische Charedim (Ultraorthodoxe), die ihre zum Teil unterschiedlichen Interessen auch mithilfe eigener politischer Parteien durchzusetzen versuchen.

Bibel und jüdische Literatur

5. Welche Texte enthält die jüdische Bibel? Die Juden gelten als das Volk des Buches, das die Hebräische Bibel als «portables Vaterland» (Heinrich Heine) mit sich führt. Zwar hat das traditionelle Judentum den Heiligen Schriften (Kitve Hakodesch) zugunsten einer intensiven Beschäftigung mit der sakralrechtlichen Überlieferung häufig nur geringe Aufmerksamkeit geschenkt, doch als Referenzpunkt nahezu der gesamten religiösen Literatur bleibt die Bibel Grundtext des jüdischen Glaubens. Ihre Kenntnis ist deshalb für all jene unerlässlich, die sich einen Zugang zur Geistes- und Kulturgeschichte des Judentums verschaffen möchten.

In der Regel vermeiden jüdische Gläubige, wenn sie sich auf die Hebräische Bibel beziehen, die Verwendung des Begriffs «Altes Testament», zumal sich darin eine christologische Auslegung andeutet, dass der Bund zwischen Gott und Israel durch Person und Wirken Jesu aufgehoben sei. Geläufige hebräische Bezeichnungen für die Bibel sind «Mikra» (abgeleitet von dem hebräischen Wort *kara* – lesen) sowie das Akronym «Tanach», das auf die drei Textgruppen der Bibel, d. h. **T**ora (Pentateuch, fünf Bücher Mose), **N**eviim (Propheten) und **K**etuvim (Schriften, Hagiographen), Bezug nimmt. Heutige Hebräische Bibeln liegen in einer hinsichtlich Verseinteilung, Konsonantenbestand, Vokalisierung und Akzentsetzung einheitlichen Fassung vor. Wir verdanken sie den Masoreten, d. h. Gelehrten in Palästina und Babylonien, die sich während des 7. bis 10. Jahrhunderts um eine Konsolidierung des Textbestands bemühten. Der sog. masoretische Text des Tanach umfasst 24 (nach moderner Zählung 39) fast ausschließlich in hebräischer Sprache verfasste Bücher, die von verschiedenen Autoren stammen bzw. verschiedenen Urhebern zugeschrieben werden:

Die 3 Teile des Tanach	Die 24 Bücher des Tanach
A. Die fünf Bücher der Tora (nach ihren Anfangswörtern benannt; die griech. Namen beziehen sich auf den Inhalt)	1. Bereschit/Genesis
	2. Schemot/Exodus
	3. Wajikra/Leviticus
	4. Bemidbar/Numeri
	5. Devarim/Deuteronomium

Die 3 Teile des Tanach	Die 24 Bücher des Tanach
B. Die prophetischen Bücher	
a. Die ersten Propheten	6. Jehoschua/Josua
	7. Schoftim/Richter
	8. Schmuel/Samuel I, II
	9. Melachim/Könige
b. Die letzten Propheten	10. Jeschajahu/Jesaja
	11. Jirmejahu/Jeremia
	12. Jecheskel/Ezechiel
c. Die 12 kleineren Propheten	13. Hoschea/Hosea, Joel, Amos, Ovadja/Obadja, Jona, Micha, Nachum/Nahum, Chavakuk/Habakuk, Zefania, Chaggai/Haggai, Secharja/Zacharia, Malachi/Maleachi
C. Die Hagiographen	14. Tehillim/Psalmen
	15. Mischle/Sprüche
	16. Ijov/Job (Hiob)
	17. Schir Haschirim/Hohelied
	18. Ruth
	19. Echa/Klagelieder
	20. Kohelet/Prediger
	21. Esther
	22. Daniel
	23. Nechemia/Nehemia
	24. Divre Hajamim/Chronik I, II

Nach normativer Vorstellung gelten alle biblischen Schriften als göttlich inspiriert. Ihre Anordnung weist sowohl auf die Bedeutung der drei Textgruppen in der Liturgie der Synagoge hin als auch auf deren abnehmende Offenbarungsqualität. Im Zentrum des Gottesdienstes steht die wöchentliche Lesung aus der Tora, an deren Autorität kein anderer Teil der Bibel heranreicht. Als Autor des gesamten Pentateuch gilt Moses, dem Gott als einzigen Propheten von «Angesicht zu Angesicht» gegenübertrat (Deuteronomium 34,10). Als heilige Schrift des Judentums war das Fünfbuch etwa seit dem 4. Jahrhundert v. d. Z. weithin anerkannt. Die Kanonisierung der Propheten und Hagiographen hingegen erfolgte erst im Verlauf eines langwierigen Prozesses der Sammlung und Auswahl, die sich bis in die hellenistische Periode bzw. bis in die rabbinische Zeit hinzog. Zu den außerkanonischen Schriften gehören unter anderem Tobith, Judith, Ben Sira sowie die Bücher der Makkabäer, die aber über die antike griechisch-jüdische Bibelübersetzung Septuaginta ihren Weg in die katholische und die orthodoxe christliche Bibel fanden.

6. Darf die Hebräische Bibel übersetzt werden? Die Bibel ist das mit Abstand am häufigsten übersetzte Buch. Neben zahlreichen christlichen Versionen in nahezu allen Sprachen und Dialekten existiert auch eine Reihe von jüdischen Übertragungen einzelner Bücher, ganzer Textgruppen oder des gesamten Tanach aus dem Urtext. Seit dem Altertum und bis in die Gegenwart kamen solche Übersetzungen den praktischen Bedürfnissen der jüdischen Gläubigen entgegen, wenn diese nicht über ausreichende Kenntnisse des Hebräischen verfügten.

Älteste überlieferte Bibelübersetzung ist die griechischsprachige Septuaginta, die der Legende nach aus der Feder von 72 jüdischen Männern stammt. Sie entstand etwa im 3. Jahrhundert v. d. Z. in Alexandrien (Ägypten), wo sich eine größere Gemeinde hellenisierter Juden niedergelassen hatte. – «Targumim» (Sing.: Targum) heißen die für den liturgischen Gebrauch bestimmten jüdisch-aramäischen Übersetzungen, die in rabbinischer Zeit im westlichen Perserreich angefertigt wurden, wo das Aramäische das Hebräische als Alltags- und Schriftsprache mehr und mehr verdrängte. Verbindliche Geltung erlangte vor allem der «Targum Onkelos» zur Tora, der im 2. Jahrhundert n. d. Z. schriftlich redigiert wurde. Traditionelle, kommentierte Pentateuchausgaben drucken ihn bis heute nach, können aber auch weitere Targumim wiedergeben.

In den jüdischen Diasporagemeinden des Mittelalters wurde in die jeweilige Umgangssprache übersetzt. Im mitteleuropäischen Raum kursierten vor allem jiddische Übertragungen einzelner Bücher der Bibel, später aber auch Gesamtbibeln in jüdisch-deutscher Sprache. Außerordentlicher Beliebtheit erfreuten sich prosaische Nacherzählungen von Tanachtexten. Meistgelesene jiddische Paraphrase der Tora ist das Buch *Zenne Renne* (nach Hohelied 3,11: «Kommt und schaut»), das Jakob ben Isaak Aschkenasi aus Janowa gegen Ende des

16. Jahrhunderts verfasste. Das Erbauungsbuch mit einer Fülle erzählender Ausschmückungen galt bis ins 19. Jahrhundert als beliebte Schabbatlektüre insbesondere für Frauen und Kinder. – Die erste jüdische Übertragung der Heiligen Schrift (Pentateuch und Psalmen) in die deutsche Hochsprache (in hebräischen Lettern!) war ein Projekt der jüdischen Aufklärung und entstand 1780 bis 1783 unter der Ägide des Philosophen Moses Mendelssohn (1729–1786), versehen mit einem hebräischen Kommentar. Weitere Verdeutschungen, an denen vor allem jüdische Reformtheologen, später aber auch orthodoxe Gelehrte beteiligt waren, bereicherten im 19. Jahrhundert den Buchmarkt, so die 1837/38 erschienenen «Vierundzwanzig Bücher der Heiligen Schrift», redaktionell betreut von Leopold Zunz (1794–1886). – In der zweiten Jahrhunderthälfte folgten auch deutsche Pentateuchausgaben aus der Feder orthodoxer jüdischer Gelehrter, die ebenso wie die Zunzbibel bis heute nachgedruckt werden. Um ein vor allem in sprachlicher Hinsicht faszinierendes Projekt handelt es sich bei der 1925 begonnenen und 1961 abgeschlossenen «Verdeutschung der Schrift» durch Martin Buber (1878–1965) und (anfangs) Franz Rosenzweig (1886–1929). Über sie schrieb der israelische Gelehrte deutscher Herkunft Gershom Scholem (1897–1982), sie sei «nicht mehr ein Gastgeschenk der Juden an die Deutschen, sondern [...] das Grabmahl einer in unsagbarem Grauen erloschenen Beziehung» (Judaica 1, S. 215) Leichter verständlich ist die von Naftali Herz Tur Sinai (Harry Torczyner; 1886–1973) redigierte Bibelübersetzung, die 1935 bis 1937 von einer Gruppe jüdischer Bibelwissenschaftler liberaler und konservativer Prägung angefertigt wurde; die jüngste Neuauflage liegt seit 2015 vor.

7. Wer erklärt den Juden die Bibel? In der Zeit des Zweiten Tempels entstand eine philosophische und religiöse Literatur, die sich kommentierend mit der Tora und anderen Büchern der Heiligen Schrift auseinandersetzte und sie für die jeweilige Gegenwart erklärte. Dazu gehören etwa die Apokryphen, viele der in Qumran am Toten Meer entdeckten Schriftrollen, die Pentateuchauslegung des griechisch-jüdischen Philosophen Philo von Alexandrien (ca. 20 v. d. Z. – 50 n. d. Z.) oder die Nacherzählungen des Bibeltextes bei dem Geschichtsschreiber Flavius Josephus (37– ca. 105). Eine systematischere Auslegungstradition entwickelte sich in der Zeit nach 70 n. d. Z. Der endgültige Verlust staatlicher Eigenständigkeit sowie die Zerstörung des Jerusalemer Zentralheiligtums als Machtbasis der Priesterschaft bildeten wichtige Voraussetzungen für den Aufstieg der Rabbinen, die im Verlauf der folgenden Jahrhunderte ihre Deutungen als «normatives» Judentum durchsetzten. Dabei brachten sie eine umfangreiche, ausschließlich religiöse Literatur hervor, die vielfältig auf die Bibel Bezug nahm.

Die rabbinische Hermeneutik betrachtete den Tanach als ewig gültige Offenbarung Gottes an Israel. Sie ging deshalb von der Voraussetzung aus, dass Sprache, Wortlaut und Orthographie der Bibel vollkommen sind, weshalb jegliche Details, also etwa scheinbare Wiederholungen, grammatikalische Auffälligkeiten oder von der Regel abweichende Schreibweisen, nicht Ergebnis von Zufällen sein können, sondern einer konkreten Erklärung bedürfen. Zugleich birgt jeder Vers eine Fülle von unterschiedlichen, gleichzeitig gültigen Bedeutungen, die die Exegese freilegen kann (vgl. z. B. bSchabbat 88b). Um aber einer willkürlichen Behandlung der Hebräischen Bibel vorzubeugen und einen methodisch korrekten Umgang mit dem Text zu gewährleisten, haben die Rabbinen verschiedene Kataloge mit Auslegungsregeln (Middot) zusammengefasst: die sieben Regeln Hillels, die dreizehn Regeln Jischmaels sowie die 32 Regeln des Rabbi Elieser.

Unter dem Begriff «Midrasch» (Forschung, Auslegung) wird die Literatur subsumiert, die sich inhaltlich ausschließlich auf den Pentateuch oder andere biblische Bücher (in deren Ordnung) bezieht. Fast alle Midraschim (Pl.) stammen aus Palästina. Inhaltlich unterscheiden sich die «halachischen» Midraschim mit vorwiegend religionsrechtlichen Auslegungen (zu den Büchern des Pentateuch mit Ausnahme der Genesis) von den erbaulichen «aggadischen» Midraschim, die meist später entstanden sind und nichtgesetzliche Schrifterklärungen etwa zur Genesis oder den sog. fünf Schriftrollen (Klagelieder, Hoheslied, Ruth, Esther und Prediger) enthalten. Formelle Unterschiede gibt es zwischen den exegetischen Midraschim, die den Text Vers für Vers erklären, und den homiletischen Midraschim, die sich eher an einzelnen Versen orientieren und diese predigtartig kommentieren. Weitere Midraschtexte enthalten Nacherzählungen von Bibeltexten («rewritten bible») oder anthologieartige Sammelwerke.

Die jüdische Auslegungstradition setzte sich während des Mittelalters vor allem in Europa fort, sowohl im sefardischen als auch im aschkenasischen Kulturkreis. Genuine Klassiker der (hebräischsprachigen) Schrifterklärung (Parschanut) wie Salomo ben Isaak aus

Troyes/ Nordostfrankreich (Akronym: Raschi; 1040–1105), der im maurischen Spanien gebürtige Abraham ibn Esra (1089– ca. 1164), David Kimchi (Akronym: Radak; 1160–1235) aus der Provence/ Südfrankreich oder der aus Katalonien/ Spanien vertriebene Moses ben Nachman (Nachmanides; Akronym: Ramban; 1194–1270) haben bis heute ihre geistige Strahlkraft bewahrt. Ihre Auslegungen finden noch immer Platz in den großformatigen Rabbinerbibeln (Mikraot Gedolot).

Während des 19. und 20. Jahrhunderts bewegte sich die jüdische Bibelauslegung vielfach unter dem Einfluss oder in Auseinandersetzung mit der protestantischen Universitätstheologie, deren historisch-kritischer Zugang zum Alten Testament vor allem den traditionellen Offenbarungsglauben radikal infrage stellte. Jüdische Theologen waren namentlich gezwungen, sich mit der Urkundenhypothese auseinanderzusetzen, die sich in der Bibelwissenschaft Geltung verschaffte. Sie geht davon aus, dass der Pentateuch nicht Moses zum Verfasser hat, sondern aus mehreren, ursprünglich selbstständigen Quellen besteht, die im Verlaufe eines längeren Redaktionsprozesses verbunden worden sind. Herausragendes Beispiel moderner jüdischer Bibelauslegung ist der monumentale Genesiskommentar, den 1934 der langjährige Dortmunder Rabbiner Benno Jacob (1862–1945) publizierte und der ebenso wissenschaftlichen Ansprüchen genügt als auch die Quellenscheidung zu widerlegen sucht. Jacobs ebenso beeindruckender Kommentar zum Buch Exodus erschien erst 1997, mehr als ein halbes Jahrhundert nach seinem Tod.

8. Was steht in der Mischna?   Nach der politischen und religiösen Katastrophe des Jahres 70 n. d. Z. ließen sich Angehörige der pharisäischen Religionspartei in der Küstenstadt Javne nieder, die sie zum neuen Zentrum des Torastudiums erkoren, bis der Schulbetrieb nach Galiläa verlagert wurde. Die Gelehrten dieser Periode (bis etwa 200 n. d. Z.), die das rabbinische Judentum begründeten, werden Tannaiten (aram.: wiederholen, lernen, lehren) genannt. Ihr wesentliches Anliegen war es, die überlieferte religiöse Praxis zusammenzutragen bzw. das Religionsgesetz in exegetischer Anlehnung an die in der Tora niedergelegte göttliche Offenbarung festzuhalten. Ihre Bemühungen, die Halacha als ebenfalls am Sinai verkündete und seither kontinuierlich weitergegebene «Mündliche Lehre» (Tora Schebealpe) schriftlich zu erfassen, mündeten unter anderem in die halachischen

Midraschim (s. *Frage 7*) zu den Büchern Exodus, Leviticus, Numeri und Deuteronomium. Hauptwerk der tannaitischen Periode ist jedoch die «Mischna» (Studium, Lehre), eine hebräische Textsammlung, die eine gesichtete und geordnete Zusammenfassung aller Diskussionen und Entscheidungen der Rabbinen zum jüdischen Sakralrecht enthält. Ihre Endredaktion erfolgte um das Jahr 200 n. d. Z. und wird dem religiösen Oberhaupt der Juden in Palästina, dem Patriarchen Jehuda Hanassi, zugeschrieben. Schon bald danach fand die in der Mischna kodifzierte Halacha normative Anerkennung, so dass sich das religiöse Judentum fortan weitgehend geschlossen präsentierte. Auch in Babylonien, neben Eretz Israel das zweite antike Zentrum jüdischer Gelehrsamkeit, übernahmen die Rabbinen das Regelsystem der mündlichen Tora, das sie fortan zur Grundlage ihres Studiums machten.

Die Mischna bemüht sich, religiöse und profane Lebensbereiche gleichermaßen zu regulieren. Ihre Einteilung folgt einer groben sachlichen Gliederung. Insgesamt 63 Traktate (Massechtot, Sing. Massechet), eingeteilt in Kapitel (Prakim, Sing. Perek), sind auf die folgenden sechs Sedarim («Ordnungen», Sing. Seder) verteilt:

1. «Sraim» (Samen): v. a. Vorschriften zur Landwirtschaft; außerdem das Traktat «Brachot» (Lobsprüche), das die Ordnung des Gottesdienstes regelt,
2. «Moed» (Festzeiten): Schabbat und Festkalender,
3. «Naschim» (Frauen): Ehe- und Scheidungsrecht sowie weitere Familienangelegenheiten,
4. «Nesikin» (Schäden): Privat- und Strafrecht; außerdem das Traktat «Pirke Avot» (Sprüche der Väter), eine Sammlung ethisch-moralischer Aussprüche namhafter rabbinischer Gelehrter,
5. «Kodaschim» (Heiliges): Bestimmungen zum Tempel und Opferritus sowie Speisevorschriften,
6. «Toharot» (Reinheiten): zu rituellen Verunreinigungen von Frauen, Männern und Gegenständen.

Mit der «Tossefta» (Zusatz), einer parallelen tannaitischen Gesetzessammlung, die aber nicht dieselbe kanonische Geltung erlangte, beginnt schon die Auslegungsgeschichte der Mischna. Als Grundlage des Talmud ist die Mischna später nur selten getrennt von diesem zum Gegenstand des Studiums gemacht worden. Die wichtigsten vollständigen Kommentare des Mittelalters und der Frühen Neuzeit stammen aus der Feder von Maimonides (1135–1204), Ovadja aus

Bertinoro/Italien (gest. 1510) sowie Jom Tov Lippmann Heller (1579–1654; Rabbiner in Prag und Krakau). Sie alle finden sich auch in den meisten traditionellen Druckausgaben der Mischna. Seit dem letzten Jahrhundert liegt der hebräische Text selbst auch in verschiedenen, z. T. kommentierten Übersetzungen auf Englisch und Deutsch vor.

9. Warum gibt es den Talmud gleich zweimal? Trotz der Anerkennung der Mischna als kodifiziertes jüdisches Recht kamen die halachischen Diskussionen in den nachfolgenden Jahrhunderten keineswegs zum Erliegen. Neue Generationen von Gelehrten nahmen den Faden auf und leisteten ihren Beitrag zur weiteren Traditionsbildung. Als Amoräer (von *amar* – sagen, kommentieren) bezeichnet die Forschung jene Nachfolger der Tannaiten, die in der Epoche vom 3. bis zum 5. Jahrhundert das rabbinische Schulwesen fortführten. Sowohl in den Lehrhäusern (Bate Midrasch, Sing. Bet Midrasch) Palästinas als auch in den babylonischen Akademien schufen sie eine jeweils eigene Auslegungstradition, die als «Gemara» (Vollendung, Lehre) bezeichnet wird. Gemeinsam mit der Mischna, auf die sie sich bezieht, bildet die Gemara den Talmud (Studium, Lehre), von dem uns zwei verschiedene Fassungen vorliegen.

1) Der palästinische Talmud (Talmud Eretz Jisrael) fußt v. a. auf Material aus den Schulen von Tiberias und Caesarea. Irreführend ist die heute ebenfalls übliche Bezeichnung «Talmud Jeruschalmi» (Jerusalemer Talmud), da Juden der Zutritt zur Stadt streng verboten war, seit die Römer 132 bis 135 n. d. Z. eine erneute Erhebung jüdischer Aufständischer (Bar Kochba-Aufstand) niedergeschlagen hatten. Der palästinische Talmud diskutiert hauptsächlich die religionsgesetzlichen Inhalte der Mischna, doch bezieht er sich fast ausnahmslos auf die ersten vier Ordnungen und insgesamt 39 Traktate. Dazu gibt es eine Reihe aggadischer, d. h. erbaulicher, erzählender und theologischer Stoffe, die aber ansonsten überwiegend in die Midrasch-Literatur eingeflossen sind. Der «Jeruschalmi» hat seine jetzige, allerdings unvollendete Gestalt im Verlaufe des 5. Jahrhunderts erhalten. Dass keine sorgfältige Endredaktion der kompilierten Texteinheiten erfolgte, mag wesentlich mit den widrigen politischen Umständen in Palästina zusammenhängen, da die Christianisierung des Römischen Reiches auch mit einer zunehmend antijüdischen Gesetzgebung einherging.

2) Der babylonische Talmud («Talmud Bavli») ist ebenfalls überwiegend auf Aramäisch verfasst, das sich anstelle des Hebräischen als Gelehrtensprache durchsetzte. Er ist aus den Akademien von Sura, Nehardea und Pumbedita hervorgegangen und schließt Material unterschiedlicher Epochen (wohl weit bis ins 8. Jahrhundert hinein), Verfasser und Redaktoren ein. Deshalb ist er um ein Vielfaches umfangreicher als sein palästinisches Pendant, obwohl er lediglich 37 Traktate der Mischna kommentiert. Ohne amoräische Auslegung blieben fast die gesamten Ordnungen «Sraim» sowie «Toharot», mithin jene Bereiche des jüdischen Rechts, die für die Religionspraxis außerhalb Israels ohne Bedeutung waren. Auch die Aggada findet breiten Raum: historische und biographische Erzählungen, Heiligenlegenden, Wundererzählungen, Anekdoten, Fabeln, Gleichnisse sowie theologische Überlegungen und empirische Kenntnisse aus unterschiedlichen Disziplinen. Man mag den Talmud deshalb auch als Generalenzyklopädie des klassischen Judentums betrachten, das darin Rechenschaft über seinen gesamten Wissensbestand ablegte.

Wer heute vom Talmud spricht, meint gemeinhin den «Bavli», der den «Jeruschalmi» in den Schatten stellte und dessen Darlegung des Religionsgesetzes in der gesamten jüdischen Welt autoritative Geltung erlangte. Vor allem während des Mittelalters, als sich die Wirkung der rabbinischen Hinterlassenschaft voll entfalten konnte, ist eine umfangreiche Literatur entstanden, deren Autoren sich die babylonische Gemara auslegend aneigneten. Bei den heute erhältlichen, traditionellen Talmudausgaben handelt es sich fast immer um Nachdrucke der Wilnaer Ausgabe von 1880–1886, deren 6000 Seiten sich auf zwanzig Foliobände verteilen. Sie enthält auch die klassischen Kommentare aus der Feder von Salomo ben Isaak (Raschi) und von dessen «Tossafisten» (Ergänzer) aus dem 12./13. Jahrhundert, die den Talmudtext auf jeder Seite einrahmen. Zahlreiche weitere Kommentare und Erklärungen finden sich jeweils am Ende eines Traktates.

Dass die religionsgesetzlichen Auslegungen der Rabbinen bis in die Neuzeit den zentralen Bezugspunkt jüdischer Glaubenspraxis bildeten, hat vor allem den Antijudaismus der christlichen Kirche geprägt, die im Talmud eine gegen Jesus und das Christentum gerichtete Stoßrichtung auszumachen glaubte. Zensurmaßnahmen, Beschlagnahmungen, Verbrennungen und Druckverbote waren die häufige Folge. Noch im 19. und 20. Jahrhundert hat der Talmud notorische Antisemiten auf den Plan gerufen, die nicht müde wurden, ihren Vorwurf sittlicher Inferiorität auf die Treue der Juden zur mündlichen Überlieferung zu beziehen.

Aber auch aus dem Judentum selbst haben sich kritische Stimmen gegen den Talmud zu Wort gemeldet. Namentlich die Sekte der Karäer («Bne Mikra», Söhne der Schrift; *s. Frage 87*) formierte sich seit dem 8./9. Jahrhundert in bewusster Abgrenzung vom rabbinischen Judentum, indem sie eine eigene, eng an den Wortlaut des Bibeltextes angelehnte Halacha entwickelte. Seit der Aufklärung sehen die konservativen und liberalen Strömungen im Talmud nicht mehr die Manifestation göttlicher Offenbarung, halten ihn jedoch als wichtiges religionsgeschichtliches Dokument in Ehren. Nach der Zerstörung der jüdischen Lebenswelten Osteuropas während des Holocaust wird die klassische Talmudgelehrsamkeit fast ausschließlich noch in Israel und den USA gepflegt, wo orthodoxe und ultraorthodoxe Gruppierungen ihren Alltag weiterhin streng am Religionsgesetz ausrichten.

10. Welche Kost bietet der «Gedeckte Tisch»? Es fällt nicht leicht, sich im ungeheuer großen und unübersichtlichen «Meer des Talmud» zurechtzufinden. Als juristisches Nachschlagewerk, das schnelle Auskunft über Fragen der religiösen Praxis erteilt, ist der Text denkbar ungeeignet. Seit dem Mittelalter ist deshalb eine vielfältige Literatur entstanden, die zwar auf dem Talmud fußt, jedoch eine Orientierung auf dem Gebiet der Halacha erleichtert. Neben Rechtsentscheiden (Psakim) sowie Rechtsgutachten (Responsen, hebr.: Scheelot Utschuvot), die konkrete Streitfälle in den Blick nehmen, haben die rabbinischen Gelehrten Abhandlungen zu Einzelaspekten des geltenden Rechts sowie Novellen (Chidduschim) mit aktualisierenden Auslegungen zum Talmud geschrieben. Eine Hilfestellung besonderer Art bieten die Kodizes, die Anspruch erheben, das gültige jüdische Sakralrecht komplett wiederzugeben. Zu den klassischen Kompendien zählen der *Sefer Hahalachot* (Buch der Gesetze) von Isaak ben Jakob Alfasi (1013–1103) aus Fes, der *Mischne Tora* (Wiederholung der Lehre) aus der Feder des Maimonides sowie die *Arbaa Turim* (Vier Kolumnen), die Jakob ben Ascher (ca. 1269–1343) in Toledo verfasste.

1544 vollendete Josef Karo (1488–1575) aus Safed seinen Kodex

Schulchan Aruch (Gedeckter Tisch), der nicht zuletzt durch den Buchdruck weiteste Verbreitung fand. Beschränkt auf eine ebenso konzise wie leicht verständliche Darstellung der Religionsgesetze, verzichtet der hebräische Text auf Begründungen oder Hinweise zu Belegstellen. Seine Gliederung in vier thematische Abschnitte greift auf die Systematik der *Arbaa Turim* zurück: Segenssprüche, Gebete, Ruhe- und Festtage kommen im ersten Teil, *Orach Chajim* (Lebenspfad), zur Sprache. *Jore Dea* (Lehre der Erkenntnis), der zweite Abschnitt, benennt vor allem die rituellen Vorschriften, während *Even Haeser* (Stein der Hilfe) das Eherecht zusammenfasst. In *Choschen Hamischpat* (Schild des Rechts) schließlich findet sich eine Zusammenstellung des jüdischen Zivil- und Strafrechts.

Zunächst erlangte der «Gedeckte Tisch» in den sefardischen Gemeinden offizielle Geltung, aber nachdem Moses Isserles (1520–1572) aus Krakau das Werk mit Anmerkungen zu abweichenden aschkenasischen Bräuchen versehen hatte, auch im mitteleuropäischen Judentum. Seine *Mappa* (Tafeltuch) genannten Glossen sind seither allen Drucken des *Schulchan Aruch* beigegeben. In vielen orthodoxen Haushalten findet sich auch eine volkstümliche Kurzfassung des Kodex, der *Kizzur Schulchan Aruch*, den der ungarische Gelehrte Salomon Ganzfried (1804–1886) erstmals 1864 herausbrachte. Eine Ausgabe mit deutscher Übersetzung ist noch heute im Buchhandel erhältlich.

11. Welche Rolle spielt die Kabbala im jüdischen Denken? Die Wissenschaft des Judentums, ein Kind des 19. Jahrhunderts, hat die spiritualistischen Traditionen der jüdischen Religion lange Zeit entweder vernachlässigt oder aber jegliche Suche nach einer göttlichen Wahrheit, die jenseits unseres Wahrnehmungshorizonts zu finden ist, als geistesgeschichtlichen Irrweg beschrieben. Im 20. Jahrhundert hat aber eine intensive Forschung eingesetzt, die den mystischen Anschauungen einen wichtigen Platz in der jüdischen Religionsgeschichte einräumt, auch wenn sie sich eher abgeschirmt von der breiteren Öffentlichkeit entfaltet haben.

Der Begriff «Kabbala» heißt zunächst «(empfangene) Tradition», bezieht sich aber vor allem auf jene esoterische Denkschule des Judentums, die sich seit dem ausgehenden 12. Jahrhundert unter dem Einfluss des Neuplatonismus zunächst in Südfrankreich und wenig später auch in Nordspanien entwickelte. Die Kabbala, die auch auf der antiken und frühmittelalterlichen jüdischen Mystik fußte, entwickelte bald Ansätze zu einer systematischen mystischen Theologie, in der es vor allem darum geht, Gott für den Menschen erfahrbar zu machen. Die theosophischen Spekulationen der frühen Kabbala kreisen um das System der zehn «Sfirot». Zu einem kosmischen Baum zusammengefügt oder auch symbolisch als Urmensch dargestellt, bezeichnen diese Urzahlen die unterschiedlichen Wirkungskräfte Gottes, die die Welt erschufen und erhalten. Zum einflussreichsten Werk der frühen Kabbala wurde der *Sefer Hasohar* (Buch des Glanzes), der angeblich auf einen antiken Verfasser zurückgeht, in Wirklichkeit aber aus der Feder des spanischen Gelehrten Mose de Leon (gest. 1305) stammt. Mutmaßungen über die mystische Gestalt der Gottheit stehen im Mittelpunkt des mehrbändigen Werkes. Noch heute behandeln viele jüdische Gläubige den *Sohar* als heiligen Text mit kanonischer Autorität, der neben Bibel und Talmud eine der drei Säulen des jüdischen Glaubens bilde.

Nach der Vertreibung der Juden von der Iberischen Halbinsel wandelte sich Safed in Galiläa zum neuen geistigen Zentrum der Kabbala, dessen Ausstrahlung weit über Palästina hinausreichte. Mehr und mehr schlugen sich popularisierte Aspekte der Geheimlehre auch in einer abergläubischen Volksfrömmigkeit und in magischen Riten nieder – dazu gehörten etwa die Vorstellung der Seelenwanderung, der Dämonenglaube und die Anfertigung von Amuletten zum Schutz vor bösen Kräften. Selbst unter christlichen Gelehrten hat es seit dem 15. Jahrhundert Versuche gegeben, die Kabbala als vergessene Urtradition auf die eigene Religion zu beziehen. Als bedeutendster Vertreter der Schule von Safed gilt Isaak Luria (1534–1572), dessen System aber erst durch seine Schüler in Umlauf gebracht wurde. In den Spekulationen der «lurianischen» Kabbala kamen endzeitliche Heilserwartungen zum Tragen, auf die sich im 17. Jahrhundert die Bewegung um den Pseudomessias Sabbatai Zwi berufen konnte, die aber auch im Chassidismus (*s. Frage 89*) seit dem 18. Jahrhundert und bis heute nachwirken. In einigen westlichen Esoterikzirkeln bedient die Kabbala heute als universale Pseudo-Heilslehre die spirituellen Bedürfnisse einer sinnsuchenden jüdischen und nichtjüdischen Klientel.

12. Was ist jüdische Philosophie? Unter jüdischer Philosophie wird mitunter jede Philosophie verstanden, die von Juden betrieben wird. Es ist aber nicht möglich zu sagen, was etwa an der Philosophie Ernst Cassirers oder Karl Poppers jüdisch sein soll. Diese und viele andere Denker jüdischen Glaubens oder jüdischer Herkunft haben zwar universelle Beiträge zur Philosophie geleistet, aber nicht das Judentum in den Mittelpunkt ihrer Reflexion gestellt. Sinnvoller ist es daher, unter jüdischer Philosophie nur das Nachdenken von Juden über den eigenen Glauben zu verstehen. Inspiriert von den herrschenden Systemen der allgemeinen Philosophie, verfügt diese Religionsphilosophie der Juden über keine eigenen Begriffe und Methoden. Originell sind vor allem ihre Schlussfolgerungen, bei denen es darum geht, die Glaubensinhalte und die religiöse Praxis des Judentums mithilfe der Vernunft zu rechtfertigen. Wohl nicht zuletzt aufgrund dieser apologetischen Tendenz ist die Philosophie ein randständiges Phänomen der jüdischen Lern- und Lehrtradition geblieben.

Immerhin hat sich die philosophische Beschäftigung von Juden mit der jüdischen Religion zu verschiedenen Zeiten in einer reichen literarischen Produktion niedergeschlagen. Nicht in Palästina, sondern im antiken Alexandrien steht die Wiege der jüdisch-hellenistischen Philosophie, der gegen den Widerstand der rabbinischen Schriftgelehrten aber keine nachhaltige Wirkung beschert war. Als klassische Epoche der jüdischen Religionsphilosophie gilt das Mittelalter, als die Juden des islamischen Kulturkreises intensiv mit der arabischen Theologie und Philosophie in Berührung kamen. Auch der Neuplatonismus und der Aristotelismus, auf denen sie fußte, inspirierten das jüdische Denken. Maimonides ist nur der berühmteste Vertreter einer ganzen Reihe von Gelehrten, die diese Herangehensweisen für ihre Deutung des Judentums fruchtbar machten. Sein religionsphilosophisches Werk provozierte zuweilen innerjüdische Anfeindungen, legt jedoch Zeugnis ab von einem kulturellen Austausch, der erst mit der christlichen Rückeroberung der Iberischen Halbinsel im späten 15. Jahrhundert empfindlich gestört wurde.

Seit der Aufklärung avancierte dann vor allem das jüdische Deutschland zur Hochburg des religionsphilosophischen Schaffens. Namen wie Moses Mendelssohn, Hermann Cohen (1842–1918), Franz Rosenzweig und Martin Buber zeugen von einer intellektuellen Produktivität, die von der nationalsozialistischen Herrschaft brutal beendet wurde. Nach dem Zweiten Weltkrieg hat sich die philosophische Annäherung an die jüdische Religion sowohl in Israel als auch in verschiedenen Ländern der Diaspora fortgesetzt. Dabei hat vor allem das Trauma des Holocaust die Reflexion über das Judentum geprägt. Die Auseinandersetzung mit der Frage, wie sich das erfahrene Leid mit der Vorstellung eines allgerechten Gottes (Theodizee) vereinbaren lässt, stand deshalb häufig im Mittelpunkt des jüdischen Denkens.

Glaube und Gott

13. Woran glauben Juden? Das traditionelle Judentum versteht sich als «Religion der Tat», deren Angehörige ihrer Frömmigkeit durch den Vollzug göttlicher Weisungen sichtbaren Ausdruck verleihen. Es würde aber von einem falschen Verständnis der jüdischen Religion zeugen, wollte man diese lediglich als Orthopraxie (richtiges Handeln) im Sinne eines sinnentleerten Ritualismus oder einer veräußerlichten Verdienstethik begreifen. In und mit der religiösen Gesetzestreue verwirklicht sich die Gottesherrschaft und Gottesgemeinschaft. Auch die viel zitierte Feststellung des jüdischen Aufklärungsphilosophen Moses Mendelssohn, das Judentum kenne keine offenbarten Glaubensartikel, sondern lediglich eine göttliche Gesetzgebung, wendet sich nicht gegen den Glauben an sich; nur dürfe er der Vernunft kein Opfer abverlangen. Sowohl die Existenz Gottes als auch dessen Erwählung Israels sind als Glaubensvorstellungen jedenfalls unverzichtbar.

Die Versuche, dem Judentum zu einer systematischen Darstellung seiner verpflichtenden Grundlehren zu verhelfen, münden nicht in eine kanonisierte Dogmatik. Weite Verbreitung fanden aber die von dem mittelalterlichen spanisch-jüdischen Religionsgelehrten Moses ben Maimon (Maimonides) verfassten 13 Grundlehren (Ikkarim). In gekürzter Fassung haben sie auch im jüdischen Gebetbuch ihren Platz, wo sie in der Regel am Ende des Morgengebetes stehen. Diese knappe Liste, deren einzelne Grundsätze stets mit der Formel «Ich glaube in vollem Vertrauen, dass ...» eingeleitet werden, gewährt aufschlussreiche Einblicke in die Glaubenswelt des normativen Judentums.

Die ersten fünf Lehren dieses Credos beziehen sich auf Gott sowie dessen Wesen und Wirken. Artikel 1 thematisiert Gott als Schöpfer jeglicher Kreatur, der alle Werke in Vergangenheit, Gegenwart und Zukunft allein bewirkt. Erst der zweite Artikel formuliert das Bekenntnis zu einem unbedingten Monotheismus: Der Schöpfer ist sowohl einzig als auch einzigartig und ewig alleiniger Gott Israels. Artikel 3 spricht von der Körperlosigkeit Gottes, auf den auch räumliche Attribute nicht angewendet werden können. Der 4. Glaubensartikel spricht von Gottes Ewigkeit – als Erstes und als Letztes ist er unabhängig von der Zeit. Gott allein und niemand außer ihm, so lautet das 5. Prinzip, ist der Anbetung würdig. Auch eine Vermittlung zwischen Gott und Mensch durch eine weitere Instanz ist demnach unnötig. Die nächsten drei Glaubensgrundsätze befassen sich mit dem göttlichen Offenbarungshandeln. Artikel 6 verkündet, dass die Worte der biblischen Propheten Wahrheit sind, d. h. auf göttlicher Offenbarung beruhen. Anknüpfend daran lautet das 7. Prinzip, dass die Prophetie des Moses nicht nur ebenfalls wahrhaftig ist, sondern diesem ein Status zukommt, der ihn über alle übrigen Propheten hinaushebt. Nach Artikel 8 hat Gott Moses die gesamte Tora übergeben. Im 9. Artikel schließlich ist die Rede von der ewigen Gültigkeit der Tora, die weder aufgehoben noch durch eine andere göttliche Lehre jemals ersetzt oder vertauscht werden kann. Von den Beziehungen zwischen Gott und Mensch wie auch von dessen Bestimmung handeln die letzten vier Paragraphen. Der Schöpfer kennt alle Taten und alle Gedanken des Menschen, heißt es mit Verweis auf Psalm 33,15 im 10. Glaubensartikel. Andererseits vertritt das Judentum durchaus die Auffassung, dass die Willensfreiheit durch die Allwissenheit Gottes nicht beschränkt werde. Gottes Gerechtigkeit kommt im 11. Grundsatz zur Sprache: So wie er jene belohnt, die seine Gebote einhalten, entgehen jene, die sie übertreten, ihrer Strafe nicht. Auf die Zukunft richten sich die letzten beiden Überzeugungen. Artikel 12 verkündet die alltägliche Zuversicht, dass der Gesalbte kommen wird, ohne aber konkrete Vorstellungen eines messianischen Zeitalters auszubreiten. Eng angelehnt an diese Hoffnungen, aber ähnlich unbestimmt, spricht der 13. und letzte Glaubensartikel von der Auferstehung der Toten, deren Zeitpunkt Gottes Ratschluss anheimgestellt ist.

14. Sind die Juden das auserwählte Volk? Die besondere Beziehung des Volkes Israels zu Gott sowie Gottes zu Israel wird in den Schilderungen des Pentateuch erzählend ausgebreitet, doch durchzieht das Motiv der Erwählung die gesamte Hebräische Bibel sowie die übrige jüdisch-religiöse Literatur bis hin zu den liturgischen Texten. Am Berg Sinai, nach dem Auszug aus Ägypten, offenbart sich Gott den Israeliten, mit denen er als Zeichen der Verbundenheit und Liebe einen ewigen Bund schließt: «Werdet ihr nun meiner Stimme gehorchen und meinen Bund halten, so sollt ihr mein Eigentum sein vor allen Völkern; denn die ganze Erde ist mein. Und ihr sollt mir ein priesterlich Königreich und ein heiliges Volk sein» (Exodus 19,5 f.). Aus dem Auserwählungsgedanken wurde der Vorwurf eines anmaßenden Überlegenheitsanspruchs «der Juden» konstruiert. Gott fasst seinen Entschluss jedoch weder aufgrund der Größe Israels noch wegen dessen außerordentlicher Verdienste (vgl. Deuteronomium 7,7 f.). Zwar enthält der Vertrag die Zusage einer besonderen göttlichen Fürsorge, die sich etwa in der Verheißung des Landes Kanaan ausdrückt, doch zieht die Erwählung weder individuelle Vorrechte noch kollektive Herrschaftsprivilegien nach sich. Im Gegenteil erwachsen aus dem Bundesschluss zunächst und vor allem Verantwortung und Pflichten. Den Israeliten ist und bleibt auferlegt, sich zu heiligen, indem sie die in der Tora niedergelegten Lebensregeln und Anordnungen befolgen. Missachtet Israel seine Pflichten und übertritt das Gesetz, zieht es Gottes Zorn auf sich und muss mit strenger Ahndung rechnen, ohne dass aber der Bund auf Dauer seine Gültigkeit verliert (vgl. Amos 3,2).

Die klassische Tora-Auslegung stellt weniger die Exklusivität als die universalen Bezüge des göttlichen Offenbarungshandelns in den Vordergrund. Der Midrasch hebt hervor, dass sich die Israeliten den Weisungen aus freiem Willen unterwarfen, nachdem die übrigen Völker das von Gott unterbreitete Angebot zuvor abgelehnt hatten (Sifre Deuteronomium §343). Der Grundsatz des Monotheismus, dass der einzige Gott eben Herrscher über seine gesamte Schöpfung ist, spiegelt sich auch in der Schilderung des nachsintflutlichen Noah-Bundes wider, die das Buch Genesis (Kap. 9) enthält. Die Rabbinen entwickelten die Vorstellung, bereits der Patriarch Noah habe, stellvertretend für die gesamte Menschheit, eine Anzahl von allgemein verbindlichen Verhaltensmaßregeln empfangen, die das gesellschaftliche Zusammenleben regeln. Nach diesem Verständnis gelten auch Nichtjuden als rechtschaffen, sofern sie sich den sog. «noachidischen» Geboten unterstellen. Meist werden sieben solche Bestimmungen genannt: Neben dem Gebot einer positiven Rechtsordnung stehen sechs Verbote, die sich auf Gotteslästerung, Götzendienst, Körperverletzung, Diebstahl, Unzucht und Verstümmelung eines Tieres beziehen (bSanhedrin 56a,b).

Die jüdische Bibelexegese stellt häufig den Missionscharakter der Religion in den Vordergrund, wenn die Juden als «Licht der Völker» (Jesaja 42,6) die wahre Gottesverehrung befördern und also für die Befreiung der Menschheit aus der Unmündigkeit Zeugnis ablegen. Mithilfe der Allegorisierung Israels als «Gottesknecht» (Jesaja 53) betonen die Kommentatoren eine weitere universale Facette des Erwählungsgedankens. Demnach straft Gott die Juden nicht nur für ihre eigenen Übertretungen und Vergehen, sondern Israel sühnt im Verlauf des heilsgeschichtlichen Geschehens stellvertretend die Sünden der Völker. Dabei kommt auch die Ansicht zum Tragen, dass zwar die Verwirklichung der Gottesherrschaft von der Bundestreue der Juden abhängt, dass aber der letztgültige Heilszustand die gesamte Schöpfung einschließt. Von endgeschichtlicher Warte aus betrachtet ist demnach auch die Erwählung Israels nur eine eingeschränkte, weil vorläufige.

15. Welches Bild machen sich Juden von Gott? Das Gottesbild des Judentums gründet zunächst auf den Darstellungen der Hebräischen Bibel, die aber unter dem Einfluss verschiedener religiöser Strömungen und philosophischer Schulen unterschiedlich ausgelegt worden sind. Der erste Vers des Gebets «Höre Israel» verschafft dem strengen Monotheismus prägnanten Ausdruck: «Höre Israel, der Ewige ist unser Gott, der Ewige ist einzig» (nach Deuteronomium 6,4). Der einig-einzige Gott, neben dem kein anderes vergleichbares Wesen Platz findet, manifestiert sich zunächst als Schöpfer von Himmel und Erde, doch setzt sich sein Wirken und Walten in der Geschichte fort. Als Herrscher und Lenker bleibt Gott der gesamten Welt unmittelbar verbunden. Er ist somit Vater aller Menschen, die er nach seinem Ebenbild erschaffen hat. Israels besondere Erwählung gipfelt in dem Bund am Sinai, wo Moses Gottes Weisungen als Offenbarung empfängt (Exodus).

Die jüdische Gottesvorstellung verknüpft sich mit Vorstellungen von absoluter Vollkommenheit, Allgegenwart, Allmacht, Allwissen, Allgüte, Ewigkeit, Wahrhaftigkeit und Heiligkeit. Das Vorurteil eines «alttestamentarischen Rache-Gottes» beruht auf einem Missverständnis. Tatsächlich stehen die Wirkungsattribute der Gerechtigkeit und der Barmherzigkeit in einem Spannungsverhältnis und werden unterschiedlichen Gottesnamen zugeordnet. Komplementär zu der Vorstellung Gottes als Gesetzgeber und Richter, der Sünden und Verbrechen streng ahndet, berichten zahlreiche Schilderungen von der göttlichen Liebe, Gnade und Vergebung. Gott übt niemals maßlose Vergeltung, sondern Ziel seines Strafhandelns bleibt, Unrecht durch gerechte Sühne auszugleichen.

Dass die Bibel an zahlreichen Stellen in sinnlich-bildhafter Redeweise auf Gott auch physiologische Merkmale sowie seelische Affekte des Menschen überträgt (vgl. z. B. Genesis 3,8; 11,7 u. ö.), hat die antiken jüdischen Mystiker dazu inspiriert, Spekulationen über die überdimensionale Körperlichkeit der thronenden Gottheit (Schiur Koma – Maß der Höhe) anzustellen. Durchgesetzt hat sich aber sowohl in der rabbinischen Literatur als auch in der Philosophie die radikale Ablehnung einer vermenschlichenden Gottesvorstellung. Es besteht deshalb innerhalb des religiösen Judentums Einvernehmen über die absolute Körperlosigkeit und reine Geistigkeit Gottes.

Die jüdische Philosophie des Mittelalters hat sich ausführlich mit der Frage auseinandergesetzt, wie sinnvolle Aussagen über Gott getroffen werden können, ohne seine unbedingte Einheit, Unveränderlichkeit und Unvergleichlichkeit infrage zu stellen. Aus der Erkenntnis, dass sich das Wissen um Gott nur auf dessen Existenz und Wirkungen in der Welt bezieht, das eigentliche Wesen dem Menschen aber verborgen bleibt, hat etwa Maimonides gefolgert, dass von Gott nur in verneinenden Begriffen gesprochen werden könne, um alle Unvollkommenheit von ihm fernzuhalten.

Intensives Nachdenken über Gott hat auch die Theodizee ausgelöst. Anknüpfend meist an das Buch Hiob, kreist die Diskussion um das Problem, wie die Realität des Bösen in der Welt sowie das Vorhandensein unschuldig erfahrenen Leids mit der Existenz eines allgütigen Gottes in Einklang zu setzen ist, ohne einem absoluten Dualismus das Wort zu reden. Wenngleich die Vorstellung Unheil bringender Zwischenwesen in der jüdischen Tradition einige Spuren hinterlassen hat, neigt eine rationale Theologie doch eher dazu, die Existenz des Übels auf menschliches Fehlverhalten zu beziehen bzw. es als Strafhandeln Gottes oder auch als notwendige Übergangszeit im endzeitlichen Geschehen zu deuten. Nach rabbinischer Vorstellung bedingt die Freiheit des Menschen in seiner Entscheidung für oder gegen das Gute eine Selbstbeschränkung Gottes: «Alles ist in den Händen des Himmels, mit Ausnahme der Gottesfurcht» (bBrachot 33b).

16. Hat Gott einen Namen? Im Tanach sowie in der übrigen religiösen Literatur der Juden begegnen uns zahlreiche Benennungen des Gottes Israels, bei denen es sich zum Teil um Gattungsnamen handelt, zum Teil aber auch um attributive oder prädikative Beschreibungen. Als genuiner Eigenname gilt *JHWH*, der nach seinem vierbuchstabigen Konsonantenbestand als Tetragramm oder Tetragrammaton bezeichnet wird. Auch die Kurzform *JH* bzw. *Jah* findet häufige Verwendung. Der Sinn des Wortes *JHWH* lässt sich nicht eindeutig ermitteln, es wird jedoch häufig von dem Verb «sein» hergeleitet. Bereits die Selbstbezeichnung Gottes in Exodus 3,14: «Ich bin der ich bin» bietet diese etymologische Deutung.

Da das Aussprechen des Namens (vermutlich: «Jahwe») bereits zur Zeit des zweiten Jerusalemer Tempels auf wenige kultische Anlässe beschränkt blieb, hat sich früh die Ansicht von der Heiligkeit und Unaussprechlichkeit des Tetragramms durchgesetzt (vgl. Exodus 20,7). An dessen Stelle rückte die Anrede *Adonaj* für «Herr», die sich in der verwendeten Mehrzahlform (Pluralis maiestatis) ausschließlich auf Gott bezieht und somit ebenfalls den Status eines Eigennamens besitzt. Das Wort *JHWH* ist in punktierten hebräischen Bibeltexten mit den Vokalzeichen von *Adonaj* versehen. Seit dem 16. Jahrhundert haben Christen deshalb fälschlich «Jehovah» gelesen.

Die Tora schildert, dass sich Gott erst Moses als *JHWH* offenbart, dass ihn aber die Urgeschlechter bis zum Patriarchen Abraham nur als *El* oder *Elohim* kennen. *El*, in semitischen Sprachen eine allgemeine Bezeichnung für «Gottheit», wird in der Hebräischen Bibel eher selten und meist in Kombination mit Epitheta auf den Gott Israels angewandt: *El Eljon/Olam/ Schaddaj* (Höchster/Ewiger/ Allmächtiger Gott). Auch die Pluralform *Elohim* – sie kann «Götter» oder «Richter» bedeuten – kommt in zahlreichen begrifflichen Verbindungen vor, zusammen mit dem Tetragramm sowie als *Elohe Jisrael* (Gott Israels) und *Elohe Hazvaot* (Gott der Heerscharen). Um das Aussprechen des Wortes *Elohim* zu vermeiden, schreiben bzw. lesen manche fromme Juden stattdessen *Elokim*.

Die Bibelkritik hat von dem Nebeneinander unterschiedlicher Gottesnamen im Pentateuch Rückschlüsse auf verschiedene Autoren des vorliegenden Textes gezogen. Eine andere Erklärung bieten die Rabbinen des klassischen Judentums: *Elohim* sei in Zusammenhang mit Gottes Richterfunktion zu sehen, während *JHWH* eher seine Barmherzigkeit zur Geltung bringe. Seit der Antike gibt es aber eine ganze Anzahl von Ersatzbezeichnungen. Geläufig sind u. a. *Habore* (der Schöpfer), *Harachaman* (der Barmherzige) *Ribbono schel Olam* (Herrscher der Welt) oder *Schamajim* (Himmel) und vor allem der Ausdruck *Haschem* (der Name), der sich ursprünglich auf das Tetragramm bezog. Zudem wird *Adoschem* verwendet, eine Mischform aus *Adonaj* und *Haschem*. Besondere Bedeutung kommt den Gottesnamen in der jüdischen Mystik zu, wo sie auf verschiedene Erscheinungsformen bzw. Wirkungsweisen Gottes bezogen werden. In der Kabbala ist von 72 Namen Gottes die Rede, anderen mystischen Deutungen zufolge verbindet sich sogar mit jedem Buchstaben und Vokalzeichen der Tora ein Gottesname.

Der nachbiblische Begriff ‹Schechina› ist eigentlich kein Gottesname, sondern leitet sich ab von dem Verb ‹wohnen› und bezeichnet ursprünglich die Einwohnung Gottes, d. h. dessen Anwesenheit an einem Ort. Dahinter verbirgt sich die Vorstellung, dass der eigentlich transzendente Gott auch in der Welt erfahrbar ist. Während jüdische Religionsphilosophen des Mittelalters die Schechina als von Gott getrennte Schöpfung verstehen, deutet die Kabbala sie als die passiv-weibliche Dimension des Schöpfers.

17. Wann wird der Messias kommen? Die jüdische Theologie hat sich nicht auf eine einheitliche Messiasvorstellung verständigen können, sondern formuliert eine Vielzahl von teils sich widersprechenden Zukunftshoffnungen. Eine zentrale Rolle spielt religionsgeschichtlich zunächst die Überzeugung, dass die Zeit nicht nur zyklisch verläuft, sondern die Geschichte sich auf ein Ziel zu bewegt. «Messias» bedeutet «Gesalbter», abgeleitet von dem hebräischen Wort *Maschiach*, das sich im biblischen Zusammenhang in erster Linie auf den theokratisch legitimierten israelitischen König bezieht, aber auch auf den Hohepriester. Juden, die den Glauben an einen persönlichen Messias bewahren, stellen sich diesen meist als einen idealen Herrscher aus dem Hause Davids vor, der von Gott gesandt eine neue Epoche des Heils begleitet oder dieser erst zum Durchbruch verhilft. Wichtiger Aspekt jüdischer Endzeiterwartungen ist das kollektive Wohlergehen der Juden. Der Messias wirkt zum einen als Retter und Befreier, der die politische Unabhängigkeit Israels in dessen Land durchsetzt. Die politische Restauration ist jedoch nicht Selbstzweck, sondern ermöglicht es den Juden erst, sich durch uneingeschränkten Toragehorsam der Gottesherrschaft zu unterstellen. Über dieses partikular jüdische Element hinaus bezieht das messianische Zeitalter aber auch die gesamte Menschheit mit ein, die nämlich durch das Beispiel der Juden ebenfalls zur Anerkennung und Anbetung des einen Gottes gelangt.

Mitunter wird der jüdische Messianismus auf utopisch-transzendente Elemente bezogen, indem etwa Vorstellungen von der Auferstehung der Toten und die kosmologische Vision einer neuen Welt einfließen. Unabhängig davon besteht ein breites Einvernehmen, dass Israel selbst die Ankunft des Messias durch seine Bundestreue vorbereiten kann. Verfolgungserfahrungen und krisenhafte Ereignisse in der jüdischen Geschichte sind häufig als «Geburtswehen des Messias» gedeutet worden und haben den akuten Erwartungen einer nahenden Endzeit Nahrung gegeben. Trotz mancher Spekulationen und Berechnungen bleibt jedoch der Zeitpunkt der Erlösung dem Wissen der Menschen entzogen.

Das liberale, emanzipierte Judentum im Europa des 19. Jahrhunderts neigte zu einer neuen, symbolisierenden Auslegung eschatologischer Erwartungen, wenn es sowohl die kollektive Rückkehr der Juden nach Zion infrage stellte als auch die Erwartung eines persönlichen Messias durch die Vorstellung einer nahenden Zeit des Völkerfriedens und der Gerechtigkeit ersetzte. Angesichts der Verfolgungserfahrungen während des Holocaust hat dieser Fortschrittsoptimismus aber deutlich an Rückhalt verloren. Der Zionismus wiederum hat die territorialen Aspekte der endzeitlichen Vorstellungen wieder stärker in den Vordergrund gerückt. Selbst Teile der Orthodoxie, die sich ursprünglich vehement gegen das Projekt einer jüdischen Heimstätte in Palästina aussprach, deuten die Existenz des Staates Israel als Anfang eines Erlösungsgeschehens, das in die Ankunft des Messias münden werde.

18. Ist die menschliche Seele unsterblich? Von den Erwartungen eines messianischen Gottesreichs kaum zu trennen ist die Frage, was den Juden – und allgemeiner gefasst: den Menschen – erwartet, wenn er stirbt. Die frühen Bücher der Hebräischen Bibel gehen kaum über vage Andeutungen einer Weiterexistenz nach dem Tode, an ein Fortleben der Seele hinaus. Ursprünglich scheint die Vorstellung vorgeherrscht zu haben, dass die Toten eine dem Hades ähnliche Unterwelt betreten, wo sie fortan ein ätherisches, schattenhaftes Dasein führen (vgl. 1. Samuel 28).

Ein anthropologischer Dualismus von sterblichem Körper und unsterblicher Seele kommt in der Zeit des Zweiten Tempels mehr und mehr zum Tragen (vgl. etwa Kohelet 12,7). Neben dieser Anschauung und teilweise in Konkurrenz zu ihr entwickelt sich die Erwartung einer Auferstehung der Toten, wie sie etwa bei dem Propheten Jesaja (26,19) sowie im Buch Daniel (12,2 f.) zur Sprache kommt. Beide Ideen gründen in dem Glauben an Gottes Gericht und

Gerechtigkeit: Der Mensch selbst verantwortet über seinen Tod hinaus sein Handeln und hat Rechenschaft gegenüber Gott abzulegen, der nach Verdienst belohnt oder bestraft.

Die nachbiblische Literatur bemühte sich in der Regel nicht, die Jenseitserwartungen zu einem System zu bündeln. Der Glaube an eine unsterbliche Seele bezog sich vornehmlich auf das Individuum, das, gemessen an seinen Taten, mit den sofortigen (materiellen oder geistigen) Genüssen eines Paradieses (Garten Eden) oder mit der vorübergehenden Ahndung seiner Sünden in der Hölle (Gehinom) rechnen konnte. Dabei herrschte die Meinung vor, dass der Aufenthalt nur in Ausnahmefällen die Dauer von einem Jahr überschreite, mithin im Grunde einem reinigenden Fegefeuer gleichkomme. Auch Nichtjuden, den Gerechten unter den Völkern, wurde ein Anteil am Heil der kommenden Welt in Aussicht gestellt.

Wie wir uns die Wiederbelebung der Toten vorzustellen haben und auf welche Weise sich diese dem göttlichen Gericht zu stellen haben, wird in der mündlichen Lehre und auch noch später auf unterschiedliche Weise ausgelegt. Noch die jüdische Philosophie im Mittelalter ist uneins darüber, ob die Auferstehung lediglich als ein vorübergehender Zustand zu begreifen ist. Im Gegensatz zu anderen jüdischen Denkern ging etwa Maimonides davon aus, dass die messianische Zeit noch nicht die kommende Welt bezeichne (Olam haba), sondern lediglich als Abschluss der diesseitigen Welt (Olam hase) zu verstehen sei. Dass die Auffassungen im Judentum über den Zustand des Menschen nach seinem Ableben weit auseinanderklaffen, veranschaulicht im Übrigen auch die Kabbala, in der die Idee der Seelenwanderung einige Bedeutung hat. Manche Gruppierungen des modernen religiösen Judentums schließlich gehen nicht mehr von der Auferstehung des Leibes aus, bewahren aber den Glauben an die Unsterblichkeit der Seele. Genaue Aussagen über den Wesenszustand der Seele nach dem Tod des Körpers werden nicht getroffen.

19. Ist der Himmel bevölkert? Im Judentum hat der Glaube an überirdische Wesen eine lange Tradition, ohne dass sich die Vorstellungen eines Zwischenreichs zwischen Gott und Schöpfung jemals zu einer konsistenten Angelologie verdichtet hätten. Das Gegenteil ist der Fall: Eine Vielfalt von teilweise gegensätzlichen Auffassungen, die sich jeweils auch unter dem Einfluss der umgebenden Kulturen entwickelt haben, schlägt sich in der religiösen Literatur nieder. Das hebräische Wort für Engel lautet *Mal'ach* und bezeichnet zunächst einen Boten, d. h. eine mit einem Auftrag betraute Person. Im Pentateuch treten Engel als namenlose und ohne individuelle Eigenschaften geschilderte Gottesgesandte in Menschengestalt auf. Sie überbringen Botschaften und sprechen Verkündigungen oder Warnungen aus (vgl. etwa Genesis 18,2 ff.). Auch engelähnliche, zum Teil geflügelte Wesen wie Seraphim, Kerubim, Ofanim, Chajot, Bne Elohim werden in zahlreichen Büchern des Tanach erwähnt, wovon sich aber die Theologie und das Religionsgesetz unbeeindruckt zeigen.

Zur Zeit des Zweiten Tempels und in der talmudischen Epoche intensivierte sich das Interesse an den Engeln, die nicht mehr nur als anonyme Werkzeuge des göttlichen Willens und als Offenbarungsvermittler gesehen wurden, sondern zum Teil Namen erhielten und persönliche Merkmale aufwiesen. Weite Verbreitung fand die Auffassung, dass es sich bei Engeln um unsterbliche, aber nicht präexistente Schöpfungen von feuriger Substanz handelt, die, ohne bösen Trieb und ohne Bedürfnisse, dem Menschen seinsmäßig überlegen sind. Engel stimmen den Lobpreis Gottes an, dessen Befehle sie ausführen und bei dem sie gegebenenfalls Fürbitte für die Menschen einlegen. An der Spitze des hierarchisch geordneten himmlischen Hofstaates stehen die vier Erzengel Gabriel, Raphael, Uriel und Michael, der als Fürsprecher Israels eine nochmals herausgehobene Position einnimmt.

Das normative Judentum hat sich gegen die populäre kultische Verehrung der Engel als Appellationsinstanz gewandt. Unter dem Einfluss eines modernen Rationalismus haben sich vor allem die religiös Liberalen von einem wörtlichen Verständnis der Engeldarstellungen verabschiedet, während das gesetzestreue Judentum eine ambivalente Haltung einnimmt. Im Gegensatz zum Chassidismus, der noch in vollem Umfang am überlieferten Engelglauben festhält, neigt die moderne Orthodoxie zu einer symbolischen Umdeutung, ohne aber die Existenz von Engeln völlig in Abrede zu stellen.

Auch der jüdische Volksglaube an menschenfeindliche Mächte hat sich im Zusammenhang mit den Engelsvorstellungen entwickelt. Im Buch Hiob (Kap. 1 f.) erscheint der Satan noch nicht als eindeutig boshaftes Wesen, sondern er handelt vielmehr mit göttlicher Erlaubnis, wenn er die Funktion einer himmlischen Anklagebehörde versieht. Das hebräische Wort *Satan* ist ursprünglich kein Name, sondern bedeutet Widersacher, Verführer. Erst in der rabbinischen Zeit nach der Zerstörung des Zweiten Tempels erlangt die Satansfigur als dämonischer Unheilsbringer größere Bedeutung. Zugleich vermischen sich die Bilder, wenn Satan einerseits als Feind und Ankläger Israels auftritt, andererseits aber auch mit dem Todesengel Samael oder dem bösen Trieb identifiziert wird. Eine so einheitliche Teufelsfigur wie im Christentum das personifizierte Böse kennt das Judentum allerdings nicht.

20. Israel, ein Volk von Heiligen? Einen Heiligenkult, wie ihn der katholische Glaube hervorgebracht hat, kennt das Judentum nicht. Gestalten der israelitischen und jüdischen Geschichte, die sich durch ihre religiöse Vorbildhaftigkeit ausgezeichnet haben, wurden und werden aber durchaus zum Gegenstand der Verehrung gemacht. Auch die Grabstätten von biblischen Figuren und rabbinischen Gelehrten werden als Wallfahrtsorte von jüdischen Gläubigen aufgesucht. Im Chassidismus genießen überdies die «Zaddikim» (hebr.: Gerechte) genannten Führer als Wundertäter und Vermittler zwischen Mensch und Gott einen heiligenähnlichen Status.

Kadosch, das hebräische Wort für «heilig», beschreibt in absoluter Form zunächst Gott selbst. Heilig, d. h. abgesondert vom Profanen, ist aber auch alles, was mit der Gottheit in Verbindung steht oder ihr geweiht ist – neben Gegenständen, Räumen und Zeiten auch Menschen. Während sich die Heiligkeit von einzelnen Personen häufig auf ihre kultische Funktion am Tempel bezieht, kommt in der kollektiven Heiligkeit des Volkes Israel der Erwählungsgedanke zum Tragen: «Heilig sollt ihr sein, denn heilig bin ich, der Ewige, euer Gott» (Leviticus 19,2).

Nach traditionellem Verständnis heiligen sich Juden zunächst durch die Einhaltung der religiösen Gebote, in denen sich der göttliche Wille Ausdruck verschafft. Als sog. Heiligung des Gottesnamens (Kiddusch Haschem) gilt zudem das sich im Handeln manifestierende Bekenntnis zum Glauben. Höchste sittliche Anerkennung genießt demnach jede Tat, die das Ansehen Gottes, der jüdischen Religion und seiner Bekenner zu erhöhen geeignet ist. Im engeren Sinn und in extremster Form wird der für den Glauben erlittene Märtyrertod als «Kiddusch Haschem» bezeichnet. Zwar gilt generell die religiöse Pflicht, fremdes und auch das eigene Leben zu bewahren, doch tritt sie dann außer Kraft, wenn ein Jude oder eine Jüdin sich mit der Forderung konfrontiert sieht, einen Mord zu begehen, sich der Unzucht hinzugeben oder Götzendienst zu betreiben. Vor allem Versuche zur Zwangsbekehrung zum christlichen Glauben sind in der jüdischen Geschichte Anlass zur Selbstopferung gewesen. Angelehnt an den Gedanken, dass jeder Jude als Märtyrer gilt, der wegen seines Judeseins zum Opfer der Gewalt wird, ist auch das Sterben im Holocaust häufig als Heiligung des Gottesnamens gedeutet worden.

21. Glauben Juden an Jesus? Religionsgeschichtlich mögen gute Gründe dafür sprechen, das Christentum als Tochterreligion des jüdischen Glaubens zu beschreiben. Zahlreiche Berührungslinien, etwa die Anbetung des selben einzigen Gottes und die gemeinsame Berufung auf die Hebräische Bibel (bzw. das Alte Testament), dürfen jedoch nicht den Blick dafür verstellen, dass das Trennende lange Jahrhunderte die Beziehungen der beiden Weltreligionen belastet hat. Lässt man einmal den im Neuen Testament verankerten, von den Kirchen verbreiteten und nicht selten gewalttätig ausgelebten Antijudaismus außen vor, dann entzünden sich die meisten Meinungsverschiedenheiten zwischen beiden Religionen am christologischen Glauben an Jesus als den Messias. Dass Gott Mensch geworden sei bzw. seinen eingeborenen Sohn gesandt habe, damit dieser durch seinen Tod Sühne für die menschlichen Sünden leiste, ist aus religiös-jüdischer Warte unannehmbar. Damit einhergehend verneint das Judentum auch die christliche Anschauung, dass die Erwählung Israels infolge der Nichtanerkennung Jesu durch die Juden auf die Kirche und deren Mitglieder übergegangen sei, sowie den paulinischen Gedanken, dass mit und durch Jesus Christus das Religionsgesetz aufgehoben worden sei.

Das jüdische Schrifttum der klassischen Epoche beschäftigt sich noch nicht im Detail mit der christlichen Theologie, sondern enthält lediglich versprengte Äußerungen, die sich etwa gegen den Trinitätsglauben oder gegen die mit dem Christentum assoziierte Weltmacht Rom («Edom») richten. Während des Mittelalters entstand – wohl auch als Reaktion auf christliche Missionierungsversuche – eine Reihe von polemischen Texten, die auf eine Entkräftung christologischer Bibelauslegungen zielten, sich jedoch, in hebräischer Sprache verfasst, stets an ein jüdisches Lesepublikum richteten. Weiteste Verbreitung fand zudem der satirische Text *Toldot Jeschu* (Geschichte Jesu), eine im 8. Jahrhundert verfasste Parodie auf das in den Evangelien dargestellte Leben Jesu.

Namentlich die christliche Bilderverehrung, der Glaube an die Gottessohnschaft sowie die Lehre der Dreifaltigkeit von Vater, Sohn und Heiligem Geist widerspricht nach jüdischem Verständnis einem strengen Monotheismus. Dennoch hat sich seit dem 16. Jahrhundert der Standpunkt durchgesetzt, dass der christliche Glaube nicht mit Götzendienst gleichzusetzen sei. Im 20. Jahrhundert hat es vereinzelte Bestrebungen gegeben, Jesus in die jüdische Geistesgeschichte «heimzuholen». So prägte der jüdische Religionsphilosoph Schalom Ben-Chorin (1913–1999) den Satz: «Der Glaube Jesu einigt uns [...], aber der Glaube an Jesus trennt uns» (Bruder Jesus, S. 12).

Seit den 1990er Jahren sind auch in einigen deutschen Großstädten Konventikel sog. messianischer Juden entstanden, die Jesus (Jeschua) als den Messias verehren. Ihnen haben sich vornehmlich Zuwanderer aus der ehemaligen Sowjetunion angeschlossen. Auch in anderen Ländern wie den USA, Kanada und Israel gibt es ähnliche Gruppierungen, von denen sich viele unter dem Dach der International Messianic Jewish Alliance organisiert haben.

Gesetz und Ethik

22. An welchen Leitlinien orientiert sich jüdische Ethik? Progressive Strömungen im Judentum haben mitunter den Versuch unternommen, einen Moralkodex in Abgrenzung von den rituellen Elementen als Kern jüdischen Glaubenslebens darzulegen. Systematische Zusammenstellungen einer jüdischen Sittenlehre sind freilich ein modernes Phänomen. Die Bibel kennt noch keine prinzipiellen Unterschiede zwischen kultischen Anordnungen, ethischen Forderungen und allgemeinen Rechtssatzungen. Gott ist der Inbegriff der Heiligkeit und Sittlichkeit, und nicht im Glauben, sondern erst in der Befolgung seiner Gebote verwirklicht sich die Gottesebenbildlichkeit des Menschen. Ein reiches ethisches Schrifttum verkündet aber zudem die Anschauung, dass der Tat, in der sich jüdische Frömmigkeit konkretisiere, die moralische Gesinnung stets zugrunde liegen solle (vgl. etwa *Bachje Ibn Pekuda*, Buch der Herzenspflichten).

Als eine Grundbedingung der Sittlichkeit gilt die Willensfreiheit, die auch durch Gottes Vorsehung nicht beschränkt wird. Die Mischna bemerkt dazu: «Alles ist vorhergesehen, aber die Freiheit ist gegeben» (Sprüche der Väter 3,15). Der Mensch ist mithin tagtäglich vor die Aufgabe gestellt, zwischen Gut und Böse zu wählen. Im Unterschied zum Christentum lehnt das Judentum die Vorstellung einer Erbsünde ab, geht also von der ursprünglichen Reinheit der Seele aus, ohne dass es jedoch die sinnliche Neigung des Menschen zur Abweichung von der Tugend in Abrede stellt. Das rabbinische Judentum hat in diesem Zusammenhang die Vorstellung vom «guten» und vom «bösen Trieb» (Jezer hatov bzw. Jezer hara) entwickelt. Mit der Verantwortlichkeit des Menschen für sein Tun und Handeln verbindet sich die Vorstellung von Lohn und Strafe, die zum Teil ins Jenseits verlegt wird (*s. Frage 18*). Die Freiheit ermöglicht zugleich Buße und Umkehr, durch die der Mensch Verzeihung von Gott erlangen kann. Im Idealfall sollen aber weder die Aussicht auf Belohnung noch die Angst vor Bestrafung das Handeln leiten. Der wahrhaft Fromme empfindet die Weisungen der Tora nicht als Last, sondern erfüllt sie mit Freude um ihrer selbst willen, als Ausdruck seiner Liebe zu Gott.

Die im jüdischen Glauben verankerten moralischen Maximen regeln nicht allein den Umgang jüdischer Glaubensgenossen miteinander, sondern schließen grundsätzlich alle Menschen ein. Fundamentale Forderungen an die persönliche Lebensführung sind Mäßigung, Gerechtigkeit und die Sorge um das Wohlergehen der Mitmenschen. In der Neuzeit werden neben dem biblischen Gebot der Nächstenliebe (Leviticus 19,18) besonders die sog. Zehn Gebote (Exodus 20 sowie Deuteronomium 5) als grundlegend für die religiöse Ethik angesehen, geht es doch darin neben der Anerkennung des göttlichen Herrschaftsanspruchs um die Heiligung des Familienlebens sowie den Schutz von Recht, Leben, Ansehen und Eigentum. Ein hoher moralphilosophischer Anspruch durchzieht nicht nur die Bücher der Propheten, sondern auch den übrigen Tanach sowie die gesamte religiöse jüdische Literatur. Hillel der Ältere, ein führender Repräsentant des klassischen Judentums, hat den engen Zusammenhang von Sittlichkeit und Religion auf den Punkt gebracht. Von ihm weiß die Legende zu berichten, dass er einem Heiden gegenüber die religiöse Lehre in einem einzigen Satz zusammengefasst habe: «Was Dir selbst zuwider ist, füge keinem Anderen zu. Das ist die gesamte Tora, alles andere ist Kommentar. Nun gehe hin und lerne» (bSchabbat 31a).

23. Wie viele Ge- und Verbote kennt das Judentum und muss man sie alle einhalten? Das hebräische Wort «Tora» (d. h. Lehre) beschreibt sowohl den Pentateuch als Ganzes als auch die Summe der darin enthaltenen Satzungen und Regeln, die das Volk Israel einhalten soll, um sich zu heiligen und seine Bundesgefolgschaft zu bezeugen. Diese schriftliche Tora (Tora Schebichtav), die als offenbarter Gotteswille verstanden wird, umfasst nach Aussage des Talmud (bMakkot 23b) insgesamt 613 Mizwot, darunter, der Summe der Körperglieder entsprechend, 248 Gebote sowie in Übereinstimmung mit den Tagen des Sonnenjahrs 365 Verbote. Maimonides und manche andere Gelehrte haben diese Zahlen nicht als symbolische Hinweise für die Ganzheitlichkeit der Weisung, sondern als verlässliche Mengenangaben begriffen. Ihre jeweiligen Versuche, eine genaue Systematik aller Bestimmungen zu geben, haben jedoch nicht zu völlig einheitlichen Ergebnissen geführt.

Als «Halacha» (wörtl.: Wegrichtung, Lebenswandel) wird das komplexe jüdische Normensystem bezeichnet, das die palästinischen und babylonischen Gelehrten des klassischen Judentums auf der Grundlage der biblischen Vorschriften entwickelten. Das Religionsgesetz hat als «Mündliche Lehre» (Tora Schebealpe) zunächst der Verschriftlichung widerstanden, die jedoch nach den politischen und militärischen Zerstörungen der ersten Jahrhunderte unserer Zeitrechnung zur Notwendigkeit wurde und vor allem in die Textsammlungen der Mischna, des Talmud und des Midrasch mündete (s. Fragen 8, 9, 7). Nach traditioneller Lesart ist aber die mündliche Weisung ebenfalls Teil der Sinai-Offenbarung: Moses hatte neben der schriftlichen Tora auch deren Auslegungen und Ausführungsbestimmungen empfangen, die mithin denselben Anspruch auf Verbindlichkeit erheben können (vgl. Mischna Avot 1). Selbst diejenigen «Halachot» (d. h. Einzelbestimmungen), die offensichtlich rabbinischen Ursprungs sind oder sich lediglich auf eine lange geübte Praxis berufen können, sind Teile der mündlichen Überlieferung und genießen als solche ebenfalls uneingeschränkte Autorität.

Manche religiöse Handlung jüdischer Gläubiger kann sich weder auf einen Schriftvers der Bibel noch auf einen Hinweis in der mündlichen Tora berufen. Im Verlauf der Jahrhunderte haben eine Fülle von «Minhagim», d. h. volkstümlichen Sitten und Gepflogenheiten, als lokales oder regionales Gewohnheitsrecht verpflichtenden Charakter erlangt. Die religionsgesetzliche Autorität eines Brauchs setzt voraus, dass er praktische Anerkennung im Gebiet seiner Verbreitung erlangt, regelmäßig gepflegt wird und unmissverständlich ist. Das unterschiedliche religiöse Brauchtum bezeichnet eine wichtige Trennlinie zwischen Sefarden und Aschkenasim. So weichen etwa die Ordnungen des Gottesdienstes, der Wortlaut mancher Gebete und die Innenraumgestaltung der Synagogen in verschiedenen Details voneinander ab (s. Fragen 48, 51). Da sich Josef Karos halachisches Nachschlagewerk Schulchan Aruch auf die gängige religiöse Praxis der sefardischen Juden bezieht, konnte es sich in Aschkenas erst durchsetzen, nachdem Moses Isserles den Text durch seine Glossen ergänzt hatte, in denen die abweichenden Bräuche der mitteleuropäischen Juden zur Sprache kommen (s. Frage 10).

Die Halacha, die sich nicht auf die rituelle Praxis beschränkt, sondern dem Grundsatz nach auch Aspekte des weltlichen Rechts einschließt und idealerweise das gesamte Leben durchdringt, ist zu allen Zeiten auf Widerspruch gestoßen, der sich seit der Neuzeit massiv verstärkt hat. Heute hat das Religionsgesetz seine normative Geltungskraft in weiten Teilen der jüdischen Gesellschaft eingebüßt. Säkulare Juden sowohl in Israel als auch in der Diaspora halten allenfalls an einzelnen Geboten fest, wenn sie etwa auf den Genuss von Schweinefleisch verzichten oder zu den Hohen Feiertagen die Synagoge besuchen. Das konservative Judentum hält prinzipiell an der Gültigkeit des jüdischen Rechts fest, ohne sich jedoch kategorisch gegen die Möglichkeit einzelner Reformen auszusprechen. Das liberale Judentum betrachtet die Offenbarung als einen kontinuierlichen Prozess: Jede Generation steht demnach in der Pflicht, die gegebene religiöse Tradition im Einklang mit den Herausforderungen der Zeit kritisch zu hinterfragen und gegebenenfalls neu zu gestalten. Aber selbst orthodoxe Juden können und wollen die Ge- und Verbote der Halacha nicht in ihrem vollen Umfang einhalten. Einerseits sind nämlich solche Bestimmungen, die sich etwa auf den Opferkult des Jerusalemer Tempels beziehen, nach dessen Zerstörung obsolet geworden, anderseits verlangt das Religionsgesetz selbst, dass sich jüdische Gläubige an die jeweils geltenden Gesetze ihres Landes halten, soweit diese nicht auf die religiöse Sphäre von Gebet, Ritual und Kultus übergreifen oder ethischen Maximen des Judentums widersprechen. Der Talmud verkündet «Das Recht des Landes ist Recht» (bNedarim 28a u. ö.) und beugt so einem Konflikt von frommer Praxis und bürgerlicher Pflicht außerhalb Israels wirksam vor.

24. Welche Bedeutung hat das Studium der Tora? Die Beobachtung, dass Jüdinnen und Juden gerade in den bildungsorientierten Bevölkerungsschichten westlicher Gesellschaften überproportional vertreten sind, ist historisch-soziologisch gut zu erklären. Die Wertschätzung des Lernens hat nämlich wie kaum ein anderes Ideal weitreichenden Einfluss auf die Ausübung der Frömmigkeit gehabt. Nach rabbinischer Auslegung, die sich auf verschiedene Bibelpassagen (vgl. Deuteronomium 11,18 f.; Josua 1,8) berufen kann, unterliegt vor allem das männliche Geschlecht der Pflicht des Studiums, das sich allerdings ausschließlich auf die religiöse Traditionsliteratur beschränkt. Die Gläubigen sollen sich kontinuierlich mit der göttlichen Lehre befassen und sie sich um ihrer selbst willen aneignen. Gleichzeitig zielt das Studium auf die religiöse Praxis: Die Kenntnis der Weisungen führt idealerweise zur Gesetzestreue. Darüber hinaus sind die jüdischen Gläubigen aufgefordert, das erworbene Wissen an die eigenen Kinder – und insbesondere die Söhne – weiterzugeben, um auch diese zur religiösen Mündigkeit zu erziehen und deren jüdische Identität im Glauben zu verankern.

Seinem Bildungsauftrag hat das Judentum fast immer und überall in religiösen Unterrichtseinrichtungen für Kinder, Jugendliche und

Erwachsene Rechnung getragen. Dabei galt lebenslanges Lernen nicht als das Privileg einer bestimmten Schicht, sondern als Aufgabe aller (Männer). Das klassische jüdische Erziehungssystem hat aber in der Neuzeit bedeutende Wandlungsprozesse durchlaufen. Die nichtorthodoxen Strömungen des religiösen Judentums treten inzwischen geschlossen für eine egalitäre Erziehung von Mädchen und Jungen ein. In den meisten Ländern der Diaspora lernen jüdische Kinder entweder an den allgemeinen Schulen oder an jüdischen Konfessionsanstalten, an denen sie aber auch ein weltliches Curriculum absolvieren. In Israel stehen die meisten Schulen unter staatlicher Aufsicht und kombinieren jüdische und profane Inhalte. Lediglich ein kleiner Teil der religiösen Schulen operiert in der Trägerschaft orthodoxer Organisationen, die auf eine autonome Gestaltung der Unterrichtsinhalte bedacht sind. Sofern diese Bildungsanstalten zum Abitur führen, müssen aber auch ihre Lehrzielvorgaben den Anforderungen der Schulbehörden entsprechen.

25. Warum essen die meisten Juden kein Schweinefleisch? Entlehnt aus dem Jiddisch-Hebräischen, hat das Wort «koscher» seit langem einen festen Platz in der deutschen Alltagssprache. Die jüdische Tradition verwendet das Attribut «kascher», um Dinge als geeignet bzw. als rituell rein zu kennzeichnen. Die «Kaschrut» kann sich auf die Tauglichkeit religiöser Gegenstände beziehen, sie umfasst aber vor allem die Speisegesetze, die in der jüdischen Religionspraxis einen weiten Raum einnehmen. Der Pentateuch enthält zahlreiche Informationen, welche Nahrungsmittel unter welchen Voraussetzungen koscher sind und welche Speisen und Getränke als «trefe» (hebr.: *taref*) gelten, d. h. nicht verzehrt werden dürfen. Ausführliche Erläuterungen zu diesen Ge- und Verboten finden sich zudem im talmudischen Schrifttum sowie in der späteren Auslegungsliteratur. Auch die Frage nach dem Sinn der Speisevorschriften hat zu allen Zeiten jüdische Gelehrte inspiriert, die allerdings zu recht unterschiedlichen Deutungen gelangt sind. Moderne Interpretationen dieses Regelwerks gelangen leicht zu Fehlschlüssen, wenn sie unter dem Eindruck naturwissenschaftlicher Erkenntnisse die Wirkungen mit den Gründen verwechseln. Ob sich also einzelne Satzungen der Kaschrut positiv auf die Hygiene und Gesundheit jüdischer Familien ausgewirkt haben, ist für deren Verbindlichkeit letztlich irrelevant, da sie nach normativem Verständnis Teil der göttlichen Gesetzgebung sind. Dass dieses

Regelwerk als Mittel der Heiligung den sozialen Umgang mit Nichtjuden zum Teil erschwert, findet in der Orthodoxie ausdrückliche Zustimmung. Aber auch das progressive Judentum bekennt sich grundsätzlich zur Kaschrut, deren genaue Umsetzung es jedoch in das Ermessen jedes einzelnen Gläubigen gestellt wissen will. Selbst säkulare Juden halten häufig noch an einzelnen Speisegeboten fest, indem sie vor allem auf den Genuss von Schweinefleisch verzichten.

Die wichtigsten Vorschriften der Kaschrut beziehen sich auf den Konsum von Fleisch. Vegetarische Nahrungsmittel hingegen unterliegen generell nur wenigen Einschränkungen, sofern sie nicht mit tierischen Produkten in Berührung kommen. Die Bibel geht davon aus, dass die Menschen (und auch die Tiere) anfänglich nur pflanzliche Nahrung zu sich nahmen (vgl. Genesis 1,29 f.). Nach den Schilderungen der Urgeschichte wurde erst den Generationen nach der Sintflut der Fleischgenuss erlaubt (vgl. Genesis 9,2 f.). Detaillierte Anweisungen finden sich in Kapitel 11 des Buches Leviticus, in dem reine Tiere von solchen unterschieden werden, die nicht genossen werden dürfen. Zu den Landtieren heißt es dort: «Alles, was behuft ist und gespaltene Klauen hat (und) wiederkäuend ist unter den Vierfüßigen, das dürft ihr essen» (11,3). Zu den Wiederkäuern unter den Paarzehern zählen sowohl das Rind und das Schaf als auch die Ziege und die Antilope. Als unrein gelten indessen Pferd und Esel, das Kamel, der Hase und alle Fleisch fressenden Tiere. Verboten ist insbesondere das Schwein, das in zahlreichen Kulten der Antike als beliebtes Opfertier dargebracht wurde.

Die Tora enthält eine Liste jener Vögel, die nicht gegessen werden, doch ist die Bedeutung mancher Namen heute zweifelhaft. Erlaubt ist in jedem Fall domestiziertes Geflügel wie Huhn, Ente, Gans, Taube und Truthahn. Aus der Meeresfauna können all jene Tiere Teil des jüdischen Speiseplans sein, die Flossen und Schuppen haben (Leviticus 11,10 f.). Als trefe gelten Aal, Wels, Stör, Seeteufel und Hai, aber auch Meeresfrüchte wie Hummer, Krabben, Tintenfisch, Austern und Muscheln. Ausdrücklich untersagt sind im Übrigen «fliegendes Gewürm» und «kriechendes Gewimmel», also etwa Reptilien, Amphibien, Insekten und andere wirbellose Tiere.

26. Ist das Schächten Tierquälerei? Komplizierter als die Angaben zu erlaubten und verbotenen Tiergattungen sind die weiteren Grundsätze, die den Verzehr tierischer Nahrung betreffen. Da gläubige Juden lediglich Erzeugnisse von einem Lebewesen essen dürfen, das als koscher gilt, sind Kamelmilch und Straußeneier ebenso verboten wie echter Kaviar, während der Rogen vom Lachs durchaus zulässig ist. Die Bibel erlaubt nur ein einziges Produkt von einem unreinen Tier: Bienenhonig. Auf der anderen Seite ist nicht jedes Lebensmittel, das von einem reinen Tier stammt, für den Konsum geeignet. In keinem Fall dürfen gerissene, auf der Jagd getötete oder natürlich verendete Tiere auf den Speiseplan. Nicht koscher sind zudem die Fettanlagerungen im Bereich der Innereien sowie die Spannader genannte Hüftsehne des Viehs.

Weitreichende Konsequenzen ergeben sich aus dem Verbot des Blutgenusses, für das der Pentateuch, anders als bei den übrigen Speisegeboten, mit einer Begründung aufwartet: «Nur halte fest darauf, dass du nicht das Blut isst; denn das Blut ist die Seele, und du sollst nicht essen die Seele mit dem Fleische. Du sollst es nicht essen, auf die Erde gieß' es aus wie Wasser» (Deuteronomium 12,23 f.; vgl. Genesis 9,4; Leviticus 17,11 f.). Klein- und Großvieh sowie Geflügel werden daher geschächtet, d. h. mit einem schnellen Halsschnitt getötet. Dabei durchtrennt der Schlachter mit einem schartenfreien Messer Schlagader, Nervenstränge sowie Luft- und Speiseröhre und bewirkt auf diese Weise die rasche Bewusstlosigkeit und ein vollständiges Ausbluten des Tieres. Wenn dann die äußere und innere Beschau (Bedika) keine Hinweise auf Krankheiten oder körperliche Mängel ergibt, darf das Fleisch als koscher in den Verkauf. Voraussetzung ist zudem, dass der jüdische Schochet (Schächter) von einem Rabbiner approbiert wurde, der dessen religiösen Lebenswandel sowie fachliche Qualifikation beglaubigt.

Seit dem 19. Jahrhundert hat das rituelle Schlachten Gegner auf den Plan gerufen, deren Argument, bei der Tötung ohne vorherige Betäubung handle es sich um Tierquälerei, auch von Antisemiten aufgegriffen wurde und wird. Ungeachtet tierphysiologischer Gutachten, die die sog. Schechita bei qualifizierter Handhabung als weitgehend schmerzfreie Schlachtpraxis beschreiben, ist diese in manchen europäischen Ländern, darunter Schweden und Norwegen, nur nach vorheriger Betäubung des Viehs erlaubt. In Österreich ist eine Betäubung nach dem Schächtschnitt vorgeschrieben. In der Schweiz darf lediglich Geflügel koscher geschlachtet werden. Im Gegensatz dazu ist Juden in Deutschland das Schächten von Warmblütern mit ausdrücklichem Verweis auf die Religionsfreiheit gestattet.

27. Warum sind Cheeseburger nicht koscher? In streng rituell geführten Haushalten wird das geschächtete Fleisch nicht sofort gegart, sondern zunächst einer aufwändigen Prozedur unterzogen, um es endgültig zu kaschern, d. h. koscher zu machen. Um sicher zu gehen, dass das gesamte Blut entweicht, wird das Fleischstück gewaschen, um es dann einzuweichen, zu salzen und erneut mit Wasser zu spülen. Weniger kompliziert ist hingegen die Zubereitung von Fisch, der weder geschächtet noch gekaschert wird.

Dreimal schreibt die Bibel vor, «ein Böcklein [nicht] in der Milch seiner Mutter» zu kochen (Exodus 23,19; 34,26 sowie Deuteronomium 14,21). Die jüdische Tradition hat die Anweisung als generelles Verbot ausgelegt, Molkerei- und Fleischprodukte zu mischen, in einer Mahlzeit zusammen zu essen oder anderweitigen Nutzen daraus zu ziehen. Aus der jüdischen Küche verbannt bleiben daher etwa der Cheeseburger oder die Pizza mit Mozarella und Fleischbelag. Aus religionsgesetzlicher Sicht unbedenklich ist der Genuss von Kabeljau mit einer Sauce Hollandaise oder anderen Milcherzeugnissen. Nach Auffassung der Halacha ist Fisch kein Fleisch, sondern gilt als neutrale Speise, die wie Gemüse und auch Eier als «parve» bezeichnet wird.

Die Notwendigkeit zur strikten Trennung von Milch und Fleisch erfordert überdies die doppelte Anschaffung von Kochutensilien, Geschirr und Besteck, sowie im Idealfall auch zwei Spülen und zwei Herde. Koschere Restaurants entscheiden sich in der Regel für eine «milchige» oder eine «fleischige» Speisekarte, sofern sie nicht streng separierte Bereiche schaffen. Auch beim Einkauf im Supermarkt spielt die Kaschrut eine wichtige Rolle. Eine Anzahl von Waren muss unter rabbinischer Aufsicht oder sogar mit jüdischer Beteiligung hergestellt sein, um als tauglich zu gelten. Besonders strenge Regeln gelten für Wein, da dieses Getränk einst eine wichtige Rolle bei heidnischen Kulthandlungen spielte. Lediglich Wein, an dessen Herstellung zu jeder Phase nur jüdische Religionsangehörige beteiligt waren, darf konsumiert werden. Um die Produktauswahl zu erleichtern, hat sich vor allem in den USA und in Israel der Usus durchgesetzt, dass Verpackungen von entsprechenden Lebensmitteln ein Koscher-Siegel («Hechscher») tragen. In Deutschland hat die Kaschrut-Kommission der orthodoxen Rabbinerkonferenz eine mehrsprachige Broschüre herausgegeben, die eine Liste zertifizierter koscherer Produkte und deren Bezugsquellen enthält («Rabbi, ist das koscher?»).

28. Hat der Arme ein Recht auf Unterstützung? In den Sprüchen der Väter, einem Traktat aus der Mischna, das zahlreiche Fragen der Ethik berührt, verkündet Simon der Gerechte: «Auf drei Dingen ruht die Welt: auf der göttlichen Lehre, auf dem Gottesdienst und auf Barmherzigkeit» (Avot 1,2). Die Fürsorge für Bedürftige ist ein elementarer Grundsatz jüdischer Sozialethik, und bereits die Bibel schildert die mitmenschliche Fürsorge als Pflichterfüllung gegenüber Gott (vgl. Deuteronomium 15,7–10), die sich in konkreten Geboten zur Umverteilung des Besitzes niederschlägt. Ansprüche erheben durften Besitzlose etwa auf Früchte am Rande des Feldes, auf die Nachlese nach der Ernte, auf einen Teil der landwirtschaftlichen Erträge oder auch auf die Gewährung zinsloser Darlehen sowie auf den Erlass von Schulden im Schabbatjahr.

Zur Bezeichnung der konkreten materiellen Zuwendung, meist in Form von Sach- oder Geldspenden, bedient sich die jüdische Tradition des hebräischen Begriffs «Zedaka». Im biblischen Kontext ist Zedaka noch als «Gerechtigkeit» zu übersetzen und verweist darauf, dass Hilfsbedürftige Anspruch auf ausreichende Unterstützung haben. Not und Armut gelten als Übel und widrige Fügung, Wohltätigkeit zielt somit auf eine Reduktion der Ungleichheit. Durch sie darf weder der Nehmende beschämt werden noch der Gebende seinen Wohlstand gefährden, damit er nicht seinerseits in Abhängigkeit gerät. Der Talmud bewertet Wohltätigkeit als hohe Tugend, doch begrenzt er die Höhe der Wohltätigkeit auf ein Fünftel des eigenen Besitzes.

Mit dem hebräischen Begriff «Gmilut Chessed», der sich am besten mit dem deutschen Wort «Mildtätigkeit» übersetzen lässt, benennt die jüdische Tradition eine andere Form der Wohltätigkeit, die sich in einem konkreten gesellschaftlichen Engagement niederschlägt. Nutznießer solcher karitativer Liebeswerke sind nicht zwangsläufig Arme. Die soziale Fürsorge kann sich vielmehr auf unterschiedliche Gruppen beziehen, so etwa auf Witwen und Waisen, Gelehrte, Bräute, Fremde und Gefangene ebenso wie auf Alte, Kranke, Tote und Trauernde. Jede Jüdin und jeder Jude sind persönlich angesprochen, sowohl Gmilut Chessed als auch Zedaka zu praktizieren, doch hat sich eine intensive Wohlfahrtspflege stets auch in den jüdischen Gemeinden sowie in Vereinen und Stiftungen organisiert.

29. Was ist koscherer Sex? Angesichts der gegenwärtigen Vielfalt von Lebensentwürfen auch in den geschlechtlichen Beziehungen von Jüdinnen und Juden ist das Judentum weit entfernt von einer allgemeingültigen Sexualethik. Einigkeit herrscht allenfalls in einer grundsätzlich positiven Einstellung zum menschlichen Geschlechtsleben. Wegweisend für den religiösen Standpunkt ist zunächst die Hebräische Bibel, die Sexualität weder als beschämend noch als obszön oder gar sündig beschreibt. Im Gegenteil – das erste göttliche Gebot an den Menschen im Buch Genesis (1,28) lautet: «Seid fruchtbar und mehret Euch.» Da Fruchtbarkeit unbedingt als Segen gilt, hat das Streben nach sexueller Askese im Judentum kaum Anhänger gefunden.

Sex hat aber nicht nur seine Berechtigung als Notwendigkeit, um das Fortpflanzungsgebot einzuhalten, sondern er darf und soll auch praktiziert werden, wenn keine Empfängnis möglich ist, also etwa während der Schwangerschaft oder nach der Menopause. Ausdrücklich untersagt sind aber geschlechtliche Kontakte während der Menstruation. Ansonsten gilt Sexualität in gegenseitigem Einvernehmen zwischen Mann und Frau als gute Tat, als Mizwa. Dennoch verstößt jede Form der Geburtenkontrolle gegen das Religionsgesetz. Lediglich eine medizinische Indikation rechtfertigt die Verwendung von Kontrazeptiva. Dabei werden orale Methoden wie die Pille bevorzugt, während nach orthodoxer Vorstellung die Empfängnisverhütung auf keinen Fall vom Mann ausgehen darf (Kondome).

Als gottgewollt schildert der Tanach die heterosexuelle eheliche Gemeinschaft innerhalb des Volkes Israel. Prostitution sowie Verbindungen von Jüdinnen und Juden mit Angehörigen anderer Religionsgemeinschaften sind nach traditionellem Verständnis kategorisch abzulehnen. Für Inzest, Sodomie und Homosexualität gelten nach Auffassung von Bibel, Talmud und späteren Kodizes ebenso strenge Verbote wie für Masturbation und Ehebruch. Moderne Strömungen des religiösen Judentums vertreten in einzelnen Fragen der Sexualmoral einen liberaleren Standpunkt, ohne aber das Ideal der Sittsamkeit einem schrankenlosen Hedonismus zu opfern. Heute sind voreheliche Beziehungen in den meisten jüdischen Gemeinschaften gesellschaftliche Realität, und auch homosexuelle Partnerschaften treffen außerhalb der Orthodoxie auf zunehmende Akzeptanz. In den USA gründen Gruppen von lesbischen und schwulen Juden mitunter sogar eigene Synagogen. Dennoch spricht sich die Mehrheit der jüdischen Reformgeistlichen in Nordamerika weiterhin dagegen aus, bei einer «gleichgeschlechtlichen Verpartnerung» zu amtieren. Einzelne Rabbiner teilen diese Vorbehalte nicht und haben bereits Einsegnungen von homosexuellen Paaren vorgenommen.

30. Wann beginnt menschliches Leben und wann hört es auf?

Das Judentum betont die Heiligkeit und den unantastbaren Wert menschlichen Lebens, dessen Beendigung allein Gott zukommt. So billigt das Religionsrecht das Übertreten der Schabbatvorschriften sowie sämtlicher Ge- und Verbote, sofern es der Rettung menschlichen Lebens dient (Pikuach Nefesch). Ausgenommen von diesem Prinzip sind lediglich die Kapitalverbrechen Mord, Götzendienst und Unzucht (bSanhedrin 74a). Die Fortschritte der medizinischen Forschung werfen heute ethische Probleme auf, zu denen auch die jüdische Religion Stellung beziehen muss. Dabei ist die Frage nach dem Beginn menschlichen Lebens von zentraler Bedeutung. Nach Einschätzung der in Talmud und Kodizes überlieferten Halacha gilt der Embryo bzw. Fötus nach einer Fristenregel (40 Tage nach der Befruchtung) zwar als schützenswert, doch ist er bis zur Geburt noch nicht eigenständige Person. Das ungeborene Leben besitzt also nicht die vollen Rechte, sondern das Leben der schwangeren Frau hat eindeutige Priorität. Prinzipiell verboten, kann eine Abtreibung folglich dann erfolgen, wenn die (physische oder psychische) Gesundheit der Mutter in Gefahr ist.

In Israel genießt die Reproduktionsmedizin gesellschaftlich höchste Anerkennung. Die Mehrzahl der religiösen Autoritäten befürworten die künstliche Befruchtung bzw. die in-vitro-Fertilisation. Dort, wo Einwände erhoben werden, beziehen sich diese vor allem auf religionsgesetzliche Aspekte im Zusammenhang mit der Samenspende, da die Bibel ausdrücklich das Vergeuden von Sperma verbietet (Genesis 38,9 f.). Die Präimplantationsdiagnostik und die pränatale Diagnostik treffen ebenfalls nicht auf grundsätzlichen Widerstand, sondern finden in begründeten Einzelfällen die Zustimmung des Rabbinats. Einen uneingeschränkt permissiven Standpunkt vertritt das progressive Judentum.

In der Biomedizin gehen israelische Wissenschaftler weiter als ihre Kollegen in den meisten anderen Staaten. Auch die Orthodoxie neigt zu der Auffassung, dass die embryonale Stammzellforschung nicht gegen die jüdische Religion verstößt, solange sie auf einen therapeutischen Nutzen abzielt. Das Züchten von Embryonen zu reinen Forschungszwecken findet hingegen keine Zustimmung. Geteilt sind die Meinungen hinsichtlich des reproduktiven Klonens. Ein Moratorium verbietet bislang in Israel die genetische Intervention am Menschen.

Ein weiterer wichtiger Bereich der jüdischen Medizinethik widmet sich dem Themenfeld Sterben und Tod. Sowohl die Orthodoxie als auch das Reformjudentum spricht sich dezidiert gegen eine aktive Sterbehilfe – im Sinne einer gezielten Verkürzung des Lebens – aus. Das Tötungsverbot schließt auch den Suizid ein. Eine passive Sterbehilfe ist nach jüdischer Auffassung gleichfalls abzulehnen. Erlaubt ist lediglich, lebenserhaltende Maßnahmen bei einem sterbenden Menschen einzustellen, um den unmittelbar bevorstehenden Tod nicht hinauszuzögern.

Das Judentum befürwortet Organtransplantationen, wenn sie dem Lebenserhalt des Empfängers dienen, ohne das Leben des Spenders zu gefährden. Die Lebendspende, etwa von Blut, Haut, Knochenmark oder Niere, gilt als hohe Form der praktizierten Nächstenliebe, ist aber keine Pflicht. Komplizierter ist die halachische Erörterung von Organspenden von Verstorbenen, bei denen zwar die Maxime der Lebensrettung das grundsätzliche Verbot, die Leiche anzutasten, außer Kraft setzen kann, unterschiedliche Definitionen des Todeszeitpunkts jedoch die Entscheidungsfindung erschweren. Die klassische Auslegung benennt drei Symptome zur Feststellung des Todes: Regungslosigkeit sowie das Nichtvorhandensein von Herzschlag/ Puls und Atemtätigkeit. Insbesondere das Hirntodkriterium ist aus diesem Grund umstritten.

31. Wie wichtig sind Tier- und Umweltschutz? Das Bewusstsein für die Kreatürlichkeit und Leidensfähigkeit der Tiere hat in der antiken jüdischen Literatur deutliche Spuren hinterlassen. Eine Anzahl von Vorschriften des Pentateuch zielt darauf, die Verfügungsgewalt des Menschen sowohl über domestiziertes Vieh als auch über Wildtiere einzuschränken. So bezieht sich das Gebot der Schabbatruhe auch auf die Haustiere (Exodus 23,12). Arbeitstiere dürfen nicht an der Nahrungsaufnahme gehindert werden (Deuteronomium 25,4). Auch ist die Verstümmelung und Kastration des Viehs untersagt (Leviticus 22,24). Verboten ist zudem der Genuss von Tieren, die auf der Jagd erlegt wurden. Während die Bibel keine Auskünfte über den Sinn dieser und ähnlicher Satzungen erteilt, in deren Vollzug sich der

Gehorsam gegenüber dem göttlichen Gesetzgeber ausdrückt, haben die Rabbinen und spätere Kommentatoren auf die Schonung der Lebewesen hingewiesen, die sie zu einem normativen Prinzip einer jüdischen Sittlichkeit erhoben.

Ansätze zu einer Umweltethik lassen sich ebenfalls in der Hebräischen Bibel aufspüren, wenn diese zum einen die Herrschaft des Menschen über die Erde verkündet (Genesis 1,28), dort zum anderen aber auch solche Forderungen erhoben werden, die einen gewissenhaften Umgang mit der göttlichen Schöpfung nahelegen. In der Gegenwart lassen sich sowohl progressive als auch orthodoxe Stimmen vernehmen, die Nachhaltigkeit in der Ökologie nicht nur als allgemeinmenschliches Vernunfthandeln begreifen, sondern als spezifisch religiöse Pflicht in die Verantwortung jeder gläubigen Jüdin und jedes gläubigen Juden stellen.

32. Gibt es ein Bilderverbot? Bis ins frühe 20. Jahrhundert hinein herrschte die Anschauung vor, die Juden, das «Volk des Buches», hätten keine Bildende Kunst hervorgebracht, das Visuelle außer Acht gelassen, sich vielmehr nur für abstrakte Ideen, das gesprochene und geschriebene Wort interessiert. Häufig macht das Wort von einem Bilderverbot im Judentum die Runde, das freilich leicht missverstanden werden kann. Das zweite der Zehn Gebote in der Hebräischen Bibel richtet sich nicht gegen die künstlerische Tätigkeit an sich, sondern die Herstellung von Götzenbildern zu kultischen Zwecken: «Du sollst keine fremde Götter haben vor mir; Du sollst dir kein Bild machen, kein Abbild dess, was im Himmel droben und was auf Erden hierunten und was im Wasser unter der Erde; Du sollst dich nicht niederwerfen vor ihnen und ihnen nicht dienen» (Exodus 20,3–5).

Der Pentateuch beschreibt ausführlich die künstlerische Ausschmückung der Stiftshütte und des Salomonischen Tempels auch mit Tierfiguren und engelähnlichen Flügelwesen (Cherubim). Auch die archäologischen Funde antiker Synagogen im Land Israel mit ihren reich verzierten Mosaikböden illustrieren, dass die Juden zwischen Kultbild und bloßem Dekor zu unterscheiden wussten. Der Talmud erlaubt ausdrücklich bildliche Darstellungen zu wissenschaftlichen Zwecken, sowie die Abbildung von Pflanzen und Tieren, soweit es sich nicht um Hochreliefs oder Skulpturen handelt. Ein strenges Verbot galt und gilt für die Abbildung von Gott, der nicht vorstellbar und deshalb auch nicht darstellbar ist (bAvoda Sara).

Ohne Zweifel hemmten die religionsgesetzlichen Beschränkungen die weitere Entwicklung der Künste in Israel. Immerhin entfalteten jüdische Illustratoren in der Buchmalerei durch die Jahrhunderte eine reiche Schaffenskraft. In der Neuzeit wird das Bilderverbot zum Teil weniger streng ausgelegt, und auch einige jüdische Künstler haben sich der Bildhauerei, d. h. der Herstellung dreidimensionaler Kunstwerke, zugewandt. Dass die Orthodoxie plastische Darstellungen zumal von Menschen weiterhin strikt ablehnt, mag auch der Grund für die Beobachtung sein, dass der Staat Israel herausragende Persönlichkeiten kaum in abbildenden Denkmälern ehrt, sondern bei der im öffentlichen Raum, außerhalb der Museen aufgestellten Kunst häufig, wenn auch nicht immer, auf symbolische Motive zurückgreift.

Symbole und Zeichen

33. Ist die Sieben eine besondere Zahl? Zahlenangaben in der Hebräischen Bibel weisen häufig eine symbolische Komponente auf. Sie bemessen und quantifizieren also nicht nur Erfahrungen in Raum und Zeit, sondern dienen dazu, die Komplexität des beschriebenen Geschehens zu reduzieren, Ereignisse zu strukturieren und ihnen als Ausdruck des göttlichen Wirkens in der Welt eine zusätzliche Bedeutung zu verleihen. Zu den Zahlen mit emblematischer Aufladung gehören etwa die Zehn (z. B. zehn Plagen, zehn Gebote), die Zwölf (z. B. zwölf Söhne Jakobs, zwölf Monate des Mondjahres) und die Vierzig (z. B. 40 Tage Regenfälle während der Sintflut, 40 Jahre Wanderung der Israeliten durch die Wüste).

Eine außergewöhnlich wichtige Rolle als heilige Zahl und symbolische Größe spielt aber vor allem die Sieben. Im Pentateuch und in den übrigen Büchern des Tanach taucht sie immer wieder auf und verbindet sich mit allen Aspekten des religiösen Lebens. Sie versinnbildlicht vor allem Vollständigkeit und Vollkommenheit; vgl. z. B. die sieben Tage der Schöpfung, der Schabbat als siebter Tag der Woche (*s. Frage 53*), die siebenarmige Menora (*s. Frage 35*), die sieben Tage dauernden Feierlichkeiten zu Pessach und Sukkot (*s. Fragen 60, 57*), die sieben mal sieben Tage dauernde Omer-Periode zwischen Pessach und Schavuot (*s. Frage 61*). Auch die nachbiblische Tradition greift des Öfteren auf die Zahl Sieben zurück (sieben noachidische Gebote, sieben hermeneutische Regeln zur Auslegung der Bibel, Aufruf von sieben Männern zur Tora am Schabbat, die siebenmalige Umrundung der Toralesebühne zu Simchat Tora und Hoschana Rabba, die siebenmalige Umkreisung des Bräutigams durch die Braut (*s. Frage 75*), die siebentägige Trauerzeit nach der Bestattung (*s. Frage 83*)).

Die hebräische Schrift kennt ursprünglich keine Ziffern zur Darstellung von Zahlen. Seit der hasmonäischen Zeit und während des klassischen Judentums setzte sich der Usus durch, jedem Buchstaben einen numerischen Wert zuzuordnen (Alef bis Tet 1–9; Jod bis Zade 10–90; Kof bis Tav 100–400). Dass Zahlen als Kombination von Lettern geschrieben werden, hat sich auch in der Auslegung des Bibeltextes niedergeschlagen. So gehört die Gematria, d. h. die Interpretation und Gegenüberstellung von Wörtern aufgrund ihres Zahlenwerts, zu den akzeptierten exegetischen Verfahren der Rabbinen. Voll entfaltet haben sich solche numerologischen Schrifterklärungen aber vor allem in der Kabbala (s. *Frage 11*), die Zahl und Buchstabe als mystische Einheit betrachtet.

34. Hat König David den Davidstern erfunden? Der «Magen David» ist vermutlich das bekannteste Sinnbild des Judentums. Das Hexagramm aus zwei spiegelverkehrt ineinander verschlungenen, gleichschenkligen Dreiecken wird häufig ungenau als Davidstern bezeichnet, korrekt ist jedoch die Übersetzung «Davidschild». Aber selbst dieser Name leitet in die Irre, weil er die Assoziation hervorruft, dass die Verwendung der sechszackigen Form als Symbol Israels bis in die Zeit des Israelitischen Großreichs zurückreicht und mit König David in Verbindung gebracht werden kann. Tatsächlich erfreute sich aber das Zeichen als Motiv in verschiedenen Ländern und Kulturen einiger Beliebtheit. Auch auf jüdischen Artefakten sowie in einigen antiken Synagogen finden sich Abbildungen des Hexagramms, doch gibt es keinen Anlass zu der Vermutung, dass sie dort andere als dekorative Zwecke erfüllten. Dieser rein ornamentale Gebrauch des Sechssterns setzte sich auch während des Mittelalters fort. Neben Muslimen und Christen griffen Juden darauf zurück, um etwa hebräische Bibelhandschriften zu verzieren. Auch als heraldische Figur jüdischer Kultusgemeinden verbreitete sich der sechszackige Stern von Prag aus in andere mitteleuropäische Städte. Dennoch galt die Form noch nicht als spezifisch jüdischer Bedeutungsträger. Zudem vereinnahmte die praktische Kabbala das Hexagramm, das sie als magisches Zeichen zum Schutz vor Geistern und Dämonen verwendete. Erst seit dem 14. Jahrhundert setzte sich allmählich der Usus durch, den Sechsstern als Davidschild zu benennen, dem die jüdische Mystik ebenfalls eine magische Protektionskraft zuschreibt.

Weiteste Verbreitung fand der Magen David erst in der Emanzipationsepoche während des 19. Jahrhunderts, als ihn die mittel- und westeuropäischen Juden zum äußerlichen Erkennungszeichen ihres Glaubens und ihrer Glaubensgemeinschaft erhoben. Als heiliges Symbol trat das Hexagramm neben das Kreuz und den Halbmond der beiden anderen monotheistischen Religionen. Auch die Zionisten wählten den Magen David zum Wahrzeichen ihrer Bewegung. Nach der Unabhängigkeitserklärung 1948 übernahm dann der israelische Staat das Emblem als zentrales Element auf seine Flagge. Bereits 1930 war das jüdische Äquivalent des Roten Kreuzes gegründet worden, das ebenfalls auf den Davidschild zurückgriff: Magen David Adom (hebr.: Roter Davidschild). Die Tatsache, dass die National-sozialisten den gelben «Judenstern» als Mal der Erniedrigung und Schande missbrauchten, ist im kulturellen Gedächtnis präsent. Dazu schreibt Gershom Scholem: «[...] das Zeichen, das in unsern eigenen Tagen durch Leid und Grauen geheiligt worden ist, ist würdig gewor-den, den Weg zum Leben und zum Aufbau zu erleuchten. Dem Auf-stieg ging der Weg in den Abgrund voraus, und wo es die letzte Er-niedrigung erfuhr, gewann es seine Größe» (Judaica I, S. 118).

35. Wie viele Arme hat der jüdische Leuchter? Viel mehr als der Davidschild, dessen Verwendung als Emblem des Judentums kaum 200 Jahre zurückreicht, ist der siebenarmige Leuchter, «Menora» (Lampe) genannt, mit unmittelbar begreiflichen Inhalten der jüdi-schen Vorstellungswelt verknüpft. In der Religionsgeschichte Israels hat die Menora einen angestammten Platz. Bereits in der Stiftshütte – mobile Kultstätte der Hebräer während ihrer vierzigjährigen Wan-derung durch die Wüste – gehörte sie zu den wichtigsten Kultgegen-ständen. An zwei Stellen des Buches Exodus wird der Kandelaber als reich verzierter, aus Gold getriebener Leuchter mit sieben Lichtern beschrieben (25,31–40; 37,17–24). Als symbolische Größe und heilige Zahl begegnet uns die Sieben in unterschiedlichen religiösen Zu-sammenhängen der Bibel (*s. Frage 33*). Die zehn Leuchter, die in dem von König Salomo errichteten Tempel standen, waren vermutlich nach diesem Vorbild gearbeitet (vgl. 1. Könige 7,49). Im Herodiani-schen Tempel stand hingegen nur noch ein Leuchter, den die Römer 70 n. d. Z. als Kriegsbeute entführten. Eine steinerne Relieftafel des Titusbogens auf dem Forum Romanum hat die Szene verewigt.

Nach der Zerstörung des Zentralheiligtums wandelte sich die Me-nora aufgrund ihrer religiösen Symbolkraft zum verbreitetsten jüdi-schen Bildmotiv. Abbildungen finden sich auf Synagogen, Mosaiken, Fresken, Bildern und Grabmälern, aber auch auf Amuletten, Siegeln, Ringen und Kameolen. Der Talmud verbietet es, eine exakte Kopie der Tempelmenora anzufertigen. Künstlerisch gestaltete Leuchter, die in Synagogen in der Nähe des Toraschreins platziert werden, verfügen deshalb häufig, aber nicht immer, über sechs oder acht Leuchtstellen. Auch in jüdischen Haushalten hat eher der achtarmige Chanukka-leuchter (*s. Frage 58*) seinen Platz. Als Zeichen nationaler Wiederge-burt präsentiert sich die Menora in Israel, wo sie, eingerahmt von zwei Olivenzweigen, zugleich das Staatswappen ziert. Auch die monumentale, von dem Künstler Benno Elkan (1877–1960) gestaltete Menora in der Nähe des Parlamentsgebäudes Knesset weist weit über religiöse Bezüge hinaus.

36. Warum hängen kleine Behälter an den Türrahmen jüdischer Haushalte?

Die jüdische Tradition kennt eine Reihe von häuslichen religiösen Zeremonien, bei denen unterschiedliche Ritualgegenstände wie Chanukkaleuchter, Schabbatkerzenständer, Sederteller, Kidduschbecher oder Besamimbüchse zum Einsatz kommen. Aber auch in jüdischen Familien, die der Religion fernstehen, gehören solche Utensilien häufig zur Grundausstattung, da sie nicht nur als Dekor dienen, sondern die Mitglieder als Angehörige der jüdischen Gemeinschaft ausweisen.

Sichtbares Zeugnis von der jüdischen Identität der Hausbewohner legen auch die Mesusot (Sing. Mesusa – Türpfosten) ab, kleine zylinderförmige Behälter, in denen ein Streifen beschriebenen Pergaments steckt. Seit dem Zweiten Tempel gehören Mesusot zum religiösen Inventar jüdischer Wohnstätten, wo sie am Eingang sowie an allen weiteren Türöffnungen installiert werden, die zu einem Wohnraum führen. Die Tradition dieser Türpfosteninschriften geht zurück auf den Schriftvers: «Und du sollst sie [d. h. die Worte Gottes] schreiben auf die Pfosten deines Hauses, und an deine Tore» (Deuteronomium 6,9 und 11,20).

Über die Anfertigung und Anbringung der Mesusa haben die Rabbinen genaue Anweisungen erlassen. So ist erforderlich, dass ein ausgebildeter Toraschreiber das Pergament mit Federkiel und metallfreier Tinte beschriftet. Auf 22 Zeilen verteilt schreibt er zwei zentrale Bibelpassagen nieder, die auch in den Kapseln der Gebetsriemen enthalten sind sowie im hebräischen Gebet «Höre Israel» zitiert werden: Deuteronomium 6,4–9, wo von der Liebe und Hingebung zu Gott die Rede ist, und Deuteronomium 11,13–21 über den menschlichen Gehorsam und die göttliche Vergeltung. Der eingerollte Text wird in die Kapsel gesteckt und diese schräg im oberen Drittel auf der inneren Seite des rechten Türpfostens befestigt. Dabei soll in einem Fensterchen der auf der Rückseite des Blattes geschriebene Gottesname *Schaddaj* zu lesen sein. Zuweilen wird der aus drei Buchstaben gebildete Name auch als Initialwort gedeutet: *Schomer Dlatot Jisrael* – «Hüter der Tore Israels».

Die Meinungen über Sinn und Zweck der Mesusa sind geteilt. Überlieferungstreue Juden heben jedes Mal, wenn sie einen Türrahmen durchschreiten, die rechte Hand zur Mesusa und führen sie dann zum Mund. Auf diese Weise sollen sich Gläubige Gottes Weisung ständig in Erinnerung rufen. Aber auch das progressive Judentum spricht sich dafür aus, als Zeichen der Identifikation die Tradition der Mesusa zu pflegen. Künstlern sind bei der Gestaltung der Gehäuse kaum Grenzen gesetzt, so dass die Mesusot auch zur Verschönerung von Wohnung oder Haus beitragen. Der tradierte Volksglaube, dass deren Befestigung auch göttlichen Schutz garantiere, findet heute kaum noch Anhänger.

37. Was bedeuten die Lederriemen beim Morgengebet? Funde aus den Höhlen von Qumran am Toten Meer lassen die Deutung zu, dass die Tradition der Gebetsriemen bis in die vorchristliche Zeit zurückreicht. Hebräisch werden sie als «Tefillin» (vermutlich zur Wurzel *p-l-l*, d. h. beten), im Griechischen als Phylakterien bezeichnet. Der Pentateuch enthält mehrere Textstellen, die diesbezüglich als Anweisungen gedeutet werden können. So heißt es: «Und du sollst sie binden zum Wahrzeichen an deine Hand, und sie sollen sein zum Denkbande zwischen deinen Augen» (Deuteronomium 6,8; vgl. Exodus 13,9; Exodus 13,16; Deuteronomium 11,18). Genauere Angaben über Aussehen und Beschaffenheit der Gebetsriemen und deren Verwendung macht die Bibel nicht.

Phylakterien bestehen aus einer ledernen schwarzen Hülse, an der lange Lederriemen angebracht sind. In dem quadratischen, mit Sehnen vernähten Gehäuse befinden sich stets dieselben vier Zitate aus dem Pentateuch, von denen zwei auch als Teile des «Höre Israel» gebetet werden: Deuteronomium 6,4–9 und Deuteronomium 11,13–21 sowie Exodus 13,1–10 und 11–16, wo Moses den Israeliten die Befreiung aus Ägypten in Erinnerung ruft. Während die Kapsel der Tefillin für den Arm (schel Jad) lediglich ein einziges Pergament enthält, stecken vier Pergamentstückchen in den Tefillin, die am Kopf befestigt werden (schel Rosch). Wie Torarollen und Mesusot müssen auch die Tefillintexte aus der Feder eines professionellen Schreibers stammen, der seine Aufgabe mit der größtmöglichen Sorgfalt versieht.

Phylakterien werden im Unterschied zum Gebetsschal (Tallit) nur während der Woche benutzt, obsolet sind sie am Schabbat sowie während der Festtage, da diese selbst schon für den Glauben an den

Schöpfer der Welt zeugen. Die Halacha verlangt, dass sich männliche Juden im religionsmündigen Alter während des Morgengebets zunächst in ihren Tallit hüllen und dann die Tefillin für Arm und Kopf anlegen. Bereits vor ihrer Bar Mizwa lernen die Jungen, an welchen Stellen die Kapseln platziert und wie die Riemen um Oberarm, Unterarm, Hand und Mittelfinger gewickelt werden müssen, um das Gebot zu erfüllen. Während der Gläubige die Tefillin anlegt, rezitiert er die passenden Segenssprüche.

Orthodoxe und konservative Strömungen des Judentums halten am regelmäßigen Gebrauch der Tefillin fest, die sie ebenso wie die Beschneidung und den Schabbat als Zeichen des Bundes zwischen Gott und Israel verstehen. Progressive Juden berufen sich auf den mittelalterlichen jüdischen Kommentator Schmuel ben Meir (Raschbam, ca. 1080–85 bis ca. 1174), wenn sie die Entscheidung in das Ermessen jedes einzelnen Gläubigen stellen. Einige jüdische Feministinnen reklamieren heute das Gebot auch für das weibliche Geschlecht.

38. Sind Bart und Schläfenlocken Ausdruck besonderer Frömmigkeit? Die Haar- und Barttracht jüdischer Männer richtet sich nicht nur nach Moden und kulturellen Konventionen, sondern unterliegt auch religiösen Normen. Hier trifft die Tora die Bestimmung: «Ihr sollt nicht rund abnehmen die Seitenenden eures Haupthaares, und nicht zerstören die Enden eures Bartes» (Leviticus 19,27). Jüdische Kommentatoren haben diesen Vers auch in Zusammenhang mit dem Verbot der Selbstverstümmelung und Tätowierung ausgelegt sowie als Maßnahme, die auf eine Abgrenzung von den heidnischen Praktiken umliegender Kulturen ziele. In der Hebräischen Bibel fehlt es denn auch nicht an Hinweisen, dass im alten Israel sämtliche Männer einen Bart trugen (vgl. z. B. 2 Samuel 10,4). In der Zeit des Talmud sowie im Mittelalter waren Bärte ebenfalls typische Erkennungsmerkmale jüdischer Gläubiger. Dass inzwischen die meisten Juden ihren Bart entfernen, ist aber nicht nur eine Folgeerscheinung von Säkularisierung und religiöser Entfremdung. Wenn Anhänger der modernen Orthodoxie seit dem 19. Jahrhundert gleichfalls bartlos angetroffen werden, so können sie sich auf das Religionsgesetz berufen. Die Halacha bezieht das Rasierverbot nämlich vor allem auf die Verwendung von Klingen und Messern, während Scheren, Rasierapparate und Enthaarungsmittel als akzeptables Mittel gelten, um die Barthaare zu trimmen bzw. teilweise oder ganz zu entfernen. Jene

Rabbiner, die, häufig unter dem Einfluss der Kabbala, nicht nur die Rasur rundweg verbieten, sondern sich auch gegen jegliches Stutzen der Barthaare aussprechen, vertreten den Standpunkt einer Minderheit.

Die Sitte streng religiöser jüdischer Männer, an der Schläfe eine Anzahl von Haaren wachsen zu lassen, geht ebenfalls auf das oben zitierte biblische Verbot zurück. Schläfenlocken, «Peot» (von dem hebräischen Wort *pea* – Ecke) oder jiddisch «Pejes» genannt, dürfen nicht komplett entfernt werden, doch haben sich hinsichtlich der Haarmenge und -länge unterschiedliche Traditionen herausgebildet. Während heute gemeinhin Koteletten als ausreichend angesehen werden, um dem Gebot Genüge zu tun, tragen sowohl Chassidim als auch orthodoxe jemenitische Juden auffällig lange Schläfenlocken, die sie entweder um das Ohr herumwickeln oder hängen lassen. Peot sind mithin auch ein Unterscheidungsmerkmal religiöser Gruppen innerhalb des Judentums.

39. Müssen Juden ihren Kopf bedecken? Als Erkennungszeichen religiöser Zugehörigkeit zum Judentum erfüllen Kopfbedeckungen eine wichtige Funktion. Männliche Gläubige verwenden meist ein kleines rundes Käppchen aus Stoff oder Leder (hebr.: Kippa, jidd.: Jarmulke), das am Hinterkopf aufliegt. Viele Gruppierungen der Chassidim und andere Charedim (Ultraorthodoxe) sind überdies an ihren breitkrempigen, zum Teil mit Pelzrändern besetzten Hüten zu erkennen, die sie über der Kippa tragen. Aber auch Schirmmützen, Barette und andere Hüte können genügen, um der religiösen Konvention zu genügen.

Anders als Gebetsriemen und Gebetsschal ist die Kopfbedeckung nicht auf eine mosaische Satzung zurückführen. Die Bibel beschreibt Kopfbedeckungen als Teil der priesterlichen Tracht; zudem galt das Verhüllen von Kopf und Gesicht als Ausdruck der Trauer. Erst die rabbinische Literatur bezieht sich auf die Pflicht, aus Ehrfurcht vor Gott während des Gebets und beim Studium das Haupt zu bedecken (z. B. bRosch Haschana 17b). Von einem allgemeinen Verbot, den Kopf zu entblößen, weiß der Talmud aber noch nichts zu berichten. Vermutlich hat sich diese Gepflogenheit für alle Lebensbereiche erst im Laufe des Mittelalters durchsetzen können.

In Abgrenzung von der Orthodoxie hat das klassische Reformjudentum des 19. Jahrhunderts die religiöse Notwendigkeit von Kopfbedeckungen generell infrage gestellt. Heute freilich hat die einst militant ausgefochtene Kontroverse längst an Brisanz verloren. Während das gesetzestreue Judentum das Tragen der Kippa mit einem klaren Bekenntnis zur jüdischen Tradition verbindet, gelten Kopfbedeckungen in Gottesdiensten konservativer Synagogen als akzeptierte Regel. Progressive Gemeinden verzichten hier meist auf normative Vorgaben und überlassen dem einzelnen Besucher die Entscheidung.

Während die Frage der Kippa in erster Linie jüdische Knaben und Männer betrifft, stehen verheiratete jüdische Frauen traditionell in der Pflicht, ihr Haar komplett zu verhüllen, um auf diese Weise ihre Keuschheit und Demut zu demonstrieren. Bereits in der Bibel finden sich Hinweise, dass Frauen ihr Haupthaar bedeckten, wenn sie sich in der Öffentlichkeit zeigten (vgl. etwa Numeri 5,18). Seit dem späten 18. Jahrhundert verbreitete sich unter Jüdinnen die Praxis, eine Perücke, einen sog. «Scheitl», zu tragen, doch entscheiden sich weiterhin viele orthodoxe Frauen für einen Hut oder ein Kopftuch. Säkulare jüdische Frauen ebenso wie Anhängerinnen des konservativen oder des liberalen Judentums verbergen hingegen im Alltag ihre Haare nicht, aber viele halten an der Konvention fest, in der Synagoge eine Kopfbedeckung zu tragen. Dabei erfreut sich in jüngerer Zeit gerade die Kippa wachsender Beliebtheit, weil sie zugleich dem Anspruch der Frauen auf gleichberechtigte Partizipation am Gottesdienst Ausdruck verleiht.

40. Warum tragen Orthodoxe keine Mischgewebe? An zwei Stellen des Pentateuch werden für verschiedene Mischungen Verbote ausgesprochen, ohne dass deren Sinn näher erläutert wird. Dabei geht es zum einen um die Paarung verschiedener Tierarten und um die Vermengung von Saaten in der Landwirtschaft, zum anderen aber auch um die gemeinsame Verwendung von Wolle und Leinen für Kleidung (Leviticus 19,19 bzw. Deuteronomium 22,9 f.). Die Mischna widmet diesen Regeln das Traktat «Kilajim» (Kreuzungen). Die Frage, warum solche Textilien nicht als Kleidungsstücke dienen sollen, hat jüdische Kommentatoren zu ganz unterschiedlichen Interpretationen inspiriert. Ungeachtet solcher Spekulationen halten orthodoxe Jüdinnen und Juden daran fest, keine Textilien, die sich aus Wolle und Flachs zusammensetzen (hebr.: Schaatnes), am Leib zu tragen. Eine noch strengere rabbinische Auslegung verlangt zudem, auch andere Materialmischungen aus pflanzlichen, tierischen oder künstlichen Fasern in der Kleidung zu meiden. Spezielle Laboratorien bieten sogar chemische und mikroskopische Analysen von Stoffen an, um deren genaue Zusammensetzung zu bestimmen. Manche Textilfabriken lassen sich auch rabbinische Bescheinigungen ausstellen, dass ihre Stoffe nicht Schaatnes sind. Die große Mehrheit der Juden macht sich freilich keine Gedanken, ob sich unzulässige Stoffmischungen in ihrer Garderobe befinden. Das progressive Judentum erklärt ausdrücklich, dass das Schaatnes-Gebot zwar in biblischer Zeit einen Sinn gehabt haben mag, nun aber jede Bedeutung verloren habe.

41. Was bedeuten die rituellen Fransen an der Kleidung? Zu den wichtigsten rituellen Kleidungsstücken gehört der Tallit, der Gebetsschal, in den sich fromme jüdische Männer hauptsächlich während des Morgengottesdienstes einhüllen. Dies erfüllt keinen praktischen Nutzen, sondern geht zurück auf die biblische Anordnung, Quasten als Erinnerungszeichen an der Kleidung zu befestigen: «Rede zu den Kindern Israel und sprich zu ihnen, dass sie sich Schaufäden machen an die Zipfel ihrer Kleider bei ihren Geschlechtern und sollen an die Schaufäden des Zipfels eine purpurblaue Schnur ansetzen. Und das sei euch zu Schaufäden, dass wenn ihr sie ansehet, ihr euch erinnert aller Gebote des Ewigen und ihr sie tuet» (Numeri 15,38 f.; vgl. auch Deuteronomium 22,12). Ursprünglich waren es viereckige Gewänder, an denen die Fransen, die «Zizit», befestigt werden konnten. Der Tallit ermöglichte es, unabhängig von modischen Gepflogenheiten die Mizwa der Zizit zu bewahren.

Die jüdische Tradition unterscheidet zwischen dem großen und dem kleinen Tallit (*gadol* bzw. *katan*). Als Gebetsmantel in und außerhalb der Synagoge, der den Großteil des Körpers einhüllt, dient der große Tallit, meist von heller Farbe und mit schwarzen oder blauen Streifen verziert, alles aus Wolle oder Seide. Da das Wissen über das spezielle Herstellungsverfahren der blauen Farbe verloren ging, sind heute weiße Fäden üblich, die an den Ecken des Gewands angebracht und zu einem Bündel verflochten werden. Im Alltag tragen Juden tagsüber den kleinen Tallit, auch «Arba Kanfot» (d. h. «vier Ecken») genannt. Dieser viereckige Überwurf für den Rumpf wird über der Unterwäsche und unter dem Hemd getragen, so dass man ihn nicht sieht. Als zusätzlichen Ausdruck der Frömmigkeit lassen aber manche Gläubige seine Quasten sichtbar aus der Kleidung hängen.

Die Orthodoxie bezieht das Gebot der Zizit lediglich auf das männliche Geschlecht. Die Auffassung, Jüdinnen dürften keinesfalls Zizit tragen, da ihnen das Tragen von Männerkleidung streng untersagt sei (s. *Frage 42*), erfährt heute zunehmend Widerspruch. Sowohl Reformkongregationen als auch konservative – nur in Ausnahmen aber gesetzestreue – Gemeinden in Amerika sind inzwischen dazu übergegangen, Frauen zur Benutzung des Tallit beim Gebet zu ermuntern.

42. Gibt es eine spezifisch jüdische Kleidung? Bibel und Talmud wissen nichts von einer spezifisch jüdischen Tracht. Allenfalls das Verbot der Mischgewebe (Schaatnes), das Gebot der Schaufäden (Zizit) und der sich ausweitende Brauch der Kopfbedeckung (s. *Fragen 40, 41, 39*) lassen sich als Ansätze zu einer religiösen Kleiderordnung deuten. Überdies bilden sich die unterschiedlichen Geschlechterrollen in Grundsätzen und Satzungen des jüdischen Rechts ab. So gilt «Zniut», d. h. Sittsamkeit, als weibliche «Kardinaltugend», die sich zwangsläufig restriktiv auf die Frauenkleidung ausgewirkt hat. Ferner untersagt es die Halacha Männern und Frauen, typische Kleidungsstücke des jeweils anderen Geschlechts anzulegen (vgl. Deuteronomium 22,5). So dürfen Gläubige männlichen Geschlechts keinen Schmuck tragen und weder ihre Haare färben noch ihre Körperbehaarung entfernen. In einer säkularen Umwelt haben diese Regeln freilich zum Teil ihre Gültigkeit verloren. Das progressive Judentum z. B. erlaubt ausdrücklich geschlechtsneutrale Kleidung und Hosen für Frauen – verbunden mit der generellen Forderung, bei der Wahl der Garderobe stets den Anstand zu wahren.

Sowohl in der muslimischen als auch in der christlichen Welt des Mittelalters zwangen die Obrigkeiten die jüdischen Bewohner, sich durch besondere Kleidungsstücke oder das Anheften eines gelben Flecks auf der Garderobe als Angehörige der religiösen Minderheit kenntlich zu machen. Auch erließen jüdische Gemeinden Regelkataloge, die einem vermeintlich übertriebenen Kleiderluxus bei den Mitgliedern entgegenwirken sollten. Üblicherweise übernahm aber die jüdische Bevölkerung die meisten Bekleidungskonventionen ihrer nichtjüdischen Umwelt. Ein «jüdisches» Kleid konnte sich dann entwickeln, wenn Juden trotz wandelnder Moden an einer bestimmten Tracht festhielten, auch nachdem sie sich in einem neuen Land niedergelassen hatten. Auf eine jahrhundertealte Tradition geht der Kaftan zurück, den die orthodoxen aschkenasischen Juden aus Polen und Litauen sowohl nach Westeuropa und Amerika als auch nach Israel mitnahmen. Noch heute prägt dieser meist schwarze, geknöpfte Oberrock das Straßenbild in den streng religiösen Vierteln Jerusalems und anderer Städte des Heiligen Landes.

Gebet und Gottesdienst

43. Wie häufig kommen Juden zum Gebet zusammen? Der Opferdienst der Priester, dessen Ablauf die Hebräische Bibel in einem Katalog von Satzungen minutiös regelt, kam mit der Eroberung Jerusalems durch die Römer 70 n. d. Z. endgültig zum Erliegen. Bereits Jahrhunderte zuvor, nach der Rückkehr aus dem Babylonischen Exil, hatten sich jedoch Wortgottesdienste mit Gebet und Lesungen aus den Heiligen Texten einen festen Platz in der Alltagsfrömmigkeit der jüdischen Gläubigen erobert. In Übereinstimmung mit den einst am Tempel dargebrachten Opfern finden täglich drei Gottesdienste statt: das Morgengebet (Schacharit), das Nachmittagsgebet (Mincha) sowie das unmittelbar darauf folgende Abendgebet (Maariv). Die Pflichtgebete betreffen zunächst die männlichen Religionsangehörigen. Frauen sind nach überlieferter Anschauung wegen ihrer Verantwortung für den Haushalt von der Verpflichtung dispensiert, ihr Gebet zu einer festgesetzten Uhrzeit zu verrichten. Die genauen Anfangszeiten der Gottesdienste werden nach dem Sonnenauf- und Sonnenuntergang des jeweiligen Tages berechnet. An Ruhe- und Feiertagen sowie am Monatsbeginn (Rosch Chodesch) findet obendrein ein Mussaf-Gottesdienst statt, der dem Zusatzopfer – ebenfalls «Mussaf» genannt – entspricht und unmittelbar an das Morgengebet anschließt.

Während des Tages, etwa beim Aufstehen, vor dem Schlafengehen oder nach einer Mahlzeit, spricht der einzelne Jude weitere Gebete und Benediktionen, doch soll er die drei (vier) Pflichtgebete nach Möglichkeit in der Gemeinschaft der Gläubigen verrichten. Nach überlieferter Anschauung weilt die Schechina (s. *Frage 15, 92*) unter den Betenden, sofern ein Quorum von mindestens zehn religionsmündigen männlichen Betern (Minjan) zum Gottesdienst zusammenkommt. Sonst dürfen manche Gebete nicht rezitiert werden und es darf nicht aus der Torarolle gelesen werden. Viele liberale Synagogen sehen darin eine unzeitgemäße Erschwernis des Gemeindegebets. Progressive Jüdinnen und Juden vertreten zudem den Standpunkt, dass die Nichtberücksichtigung weiblicher Teilnehmer beim Minjan dem Prinzip der Gleichberechtigung zuwiderlaufe.

Traditionell werden alle Texte der jüdischen Liturgie singend vorgetragen, allerdings ursprünglich ohne Instrumentalbegleitung. Seit dem 19. Jahrhundert hat die westliche Orthodoxie zwar vereinzelt

Chorgesang in den Gottesdienst integriert, das Instrumentenspiel aber als Verstoß gegen das schabbatliche Werkverbot (und als Nachahmung des christlichen Gottesdienstes) weiter streng abgelehnt. Mit Protest hat sie deshalb auf die Installation von Orgeln reagiert, die sich in liberalen Synagogen großer Beliebtheit erfreuen und als Fortsetzung der im Tempel gepflegten Musiktraditionen betrachtet werden.

Obwohl kein bindendes Gebot dies vorschreibt, wird in der Synagoge sowohl bei den Gebeten als auch bei den Bibellesungen an den hebräischen Originaltexten festgehalten. Jüdische Gläubige weltweit sind mithin durch das Band einer gemeinsamen Gottesdienstsprache verbunden. Gleichwohl hat insbesondere die religiöse Reformbewegung des 19. Jahrhunderts die Dominanz der Heiligen Sprache im Ritus infrage gestellt, da viele Betende die rezitierten Texte nicht mehr verstehen. Das progressive Judentum vertritt heute eine vermittelnde Position: Einzelne Gebete in der Landessprache sind ein probates Mittel zur Erhöhung der Andacht, doch grundsätzlich will es am Hebräischen festhalten.

44. Wann wird in der Synagoge aus der Bibel gelesen? Vor allem am Morgen des Schabbat sowie während der Feiertage steht die Lesung aus den fünf Büchern Mose, der Tora, im Mittelpunkt des synagogalen Gottesdienstes. In Anlehnung an den babylonischen Lesezyklus wird der Pentateuch in 54 Portionen (Paraschot) unterteilt und im Verlauf eines jüdischen Jahres komplett vorgetragen. An Simchat Tora, dem Torafreudenfest im Anschluss an das Laubhüttenfest (*s. Frage 57*), beginnt und endet die Lesung. Dabei hat sich die antike Tradition, den unvokalisierten hebräischen Text aus einer Schriftrolle vorzutragen, bis in die Gegenwart fortgesetzt. Genauso wie die Mesusot und Tefillin (*s. Fragen 36, 37*) wird der «Sefer Tora» in aufwändiger Handarbeit angefertigt. Ein ausgebildeter Schreiber (Sofer) überträgt den überlieferten Text auf Pergamentstücke, die dann zu einer Bahn vernäht, an Rundstäben befestigt und aufgewickelt werden. Während aschkenasische Gemeinden ihre Torarolle in einen Stoffmantel hüllen, bewahren die Sefarden sie in einem hölzernen oder metallenen Gehäuse auf.

Im Gottesdienst wird die Schriftrolle aus dem Toraschrein entnommen und in einer feierlichen Prozession zum Lesepult («Bima» oder «Almemor» genannt) getragen. Nach der Rezitation wird die

Tora wieder eingerollt, sodann hochgehoben, der Gemeinde präsentiert und schließlich wieder in die östliche Apsis der Synagoge zurückgetragen. Als Auszeichnung gelten die sog. «Alijot» (Sing.: Alija, wörtl.: Aufstieg): Am Schabbatmorgen werden nacheinander mindestens sieben Männer zur Tora aufgerufen. Unter ihnen sollten sich nach Möglichkeit ein Angehöriger des Priestergeschlechts sowie ein Levite, also ein Nachfahre der einstmaligen Tempeldiener, befinden, die als erster und zweiter benannt werden. Sie und alle weiteren Aufgerufenen platzieren sich jeweils neben dem Vorleser (Baal Kore) auf dem Almemor, von wo aus sie die vorgeschriebenen Segenssprüche rezitieren. Den Wochenabschnitt lesen sie aber allenfalls leise mit. Um Berührungen des Pergaments zu vermeiden, hat der Baal Kore eine Lesehilfe (Jad), einen Zeigestock, häufig kunstvoll bearbeitet, an dessen Ende sich eine kleine Hand mit ausgestrecktem Zeigefinger befindet. Der Text wird singend, nach einer überlieferten Melodie intoniert (Kantilation); Akzentzeichen in den gedruckten Hebräischen Bibeln helfen beim korrekten Vortrag. Während des Morgengottesdienstes am Montag und Donnerstag sowie am Nachmittag des Schabbat finden verkürzte Lesungen statt, bei denen deshalb auch nur drei Gläubige zur Tora aufgerufen werden. Anlässlich bestimmter Feiertage hat sich ferner die Tradition erhalten, dass neben dem Fünfbuch auch Bücher aus den Hagiographen gelesen werden. Jeweils eine der «fünf Schriftrollen» (chamesch Megillot) ist fester Bestandteil des Festgottesdienstes zu Pessach (Hoheslied), Schavuot (Ruth), am 9. Av (Klagelieder), zu Sukkot (Prediger) und Purim (Esther).

Seit dem 19. Jahrhundert steht die traditionelle Toralesung zunehmend in der Kritik progressiver Juden. Unter Berufung auf ältere Überlieferungen spricht sich das liberale Judentum für einen dreijährigen Lesezyklus aus, um den Vortrag zu verkürzen und auf diese Weise größere Andacht zu erzielen. Auf die Kantilation des Bibeltextes verzichten dabei viele Gemeinden. Zudem werden Übersetzungen oder Zusammenfassungen in der Landessprache eingeschoben, da die meisten Mitglieder das hebräische Original nicht mehr ausreichend verstehen. Aufgrund der Forderung emanzipierter jüdischer Frauen hat sich in den liberalen und konservativen Synagogen Nordamerikas mehrheitlich der Brauch durchgesetzt, auch weibliche Mitglieder zur Tora aufzurufen.

45. Zu welchen Gelegenheiten werden Segenssprüche gesprochen? Im 2. Jahrhundert n. d. Z. gab der Gesetzeslehrer Rabbi Meir seine Auffassung zu Protokoll, der Mensch müsse im Laufe jedes Tages mindestens 100 Segenssprüche sagen (bMenachot 43b), damit das tägliche Leben ständig von der Lobpreisung Gottes erfüllt sei. Der Talmud widmet den Benediktionen ein eigenes Traktat («Brachot»). Das hebräische Wort für Segensspruch ist *bracha*, dessen Stamm *b-r-k* «auf die Knie fallen», aber auch «Fürbitte tun» und «(Gott) preisen» bedeutet. Lobsprüche sind zum einen fester Bestandteil des täglichen Gottesdienstes, wo sie in hymnischer Art meist kleinere Gebetsabschnitte einfassen. Lobsprüche werden aber auch beim häuslichen Gebet des einzelnen Gläubigen sowie zu besonderen Anlässen aufgesagt. Charakteristisch ist dabei regelmäßig die formelhafte direkte Anrede als Einleitung des Segens, die sich bereits zur Zeit des klassischen Judentums durchgesetzt hat: «Gelobt seist du, Ewiger, unser Gott, König der Welt ...».

Es lassen sich drei Arten von Benediktionen unterscheiden:

1. Birchot Hanehenin: Bei der Wahrnehmung von Wohlgerüchen und vor dem Genuss von Speisen und Getränken; passende Sprüche gibt es etwa für Wein, Erd- und Baumfrüchte sowie Mehlspeisen. Auch nach der Mahlzeit sind Benediktionen zu sprechen; wenn zu den verzehrten Speisen auch Brot gehörte, folgt ein längeres Tischgebet (Birkat Hamason).

2. Brachot Pratijot: Bei besonderen Gelegenheiten wie Naturerscheinungen unterschiedlichster Art (z. B. Gewitter, Sturm, Regenbogen, Erdbeben, aber auch blühende Bäume oder das Meer), freudigen Ereignissen (z. B. Genesung eines Kranken, Kauf eines Hauses, Errettung aus Gefahr) oder ernsten bzw. traurigen Geschehnissen (z. B. bevorstehende Reise, Tod einer nahestehenden Person).

3. Birchot Hamizwot: Vor der Erfüllung einer religiösen Pflicht, als Dank, dass Gott den Israeliten seine Satzungen offenbart hat, z. B. beim Anbringen einer Mesusa, Anziehen des Tallit, Anlegen der Tefillin, Anzünden der Schabbatlichter, Blasen des Schofar, auch beim rituellen Händewaschen (Netilat Jadajim) morgens und täglich zu zahlreichen Gelegenheiten. Dabei wird einleitend die Standardformel: «... der du uns geheiligt hast durch seine Gebote und uns befohlen ...» benutzt.

46. Welches sind die wichtigsten Gebete? Die Theologie des Judentums schlägt sich nicht zuletzt in dessen liturgischen Texten nieder. Frei formulierte Gebete finden im Gottesdienst der Synagoge kaum Platz. Obwohl der Ritus normativ weitgehend strukturiert ist, fällt es aber Uneingeweihten schwer, sich im Gebetbuch (Siddur, *s. Frage 48*) zurechtzufinden. Es enthält eine Vielfalt von Gebetstexten, Benediktionen, Bibel- und Psalmenversen, religiösen Dichtungen und Mischnazitaten, die jedem einzelnen Gottesdienst ein besonderes Gepräge verleihen – abhängig davon, zu welcher Tageszeit bzw. an welchem Wochen-, Ruhe- oder Festtag sich die Gemeinde zum Gebet zusammenfindet. Die zwei Grundelemente der gottesdienstlichen Ordnung sind jedoch das «Achtzehn(bitten)gebet» (Schmone Esre) und das «Höre Israel» (Schma Jisrael).

Im Mittelpunkt steht das hebräische Achtzehngebet, das dreimal pro Tag gesprochen wird, an Schabbat und Feiertagen in verkürzter Form sogar viermal. Sein Name ist missverständlich, da es werktags tatsächlich 19 Bitten einschließt. Es ist aber auch unter dem Namen «Tefilla» (Gebet) bekannt. Eine weitere gängige Bezeichnung lautet «Amida», weil das Gebet stets im Stehen (hebr.: *amad*) verrichtet wird. Üblicherweise sprechen die Betenden das Achtzehngebet leise für sich, bevor der Kantor das Gebet laut wiederholt. Während sie den Text rezitieren, wenden die Gläubigen das Gesicht gen Jerusalem. Mehrere Verbeugungen sowie weitere Gebetsgesten sind ebenfalls Teil des Zeremoniells.

Die traditionelle Tefilla enthält drei leicht zu identifizierende Abschnitte: Der erste Teil enthält drei Lobsprüche mit Preisungen Gottes. Es folgt ein 13 Punkte umfassender Katalog von Segenssprüchen: Auf den einzelnen Beter beziehen sich die Bitten um Vernunft, Umkehr, Vergebung, Erlösung, Heilung und Wohlstand; für ganz Israel erfleht der Gläubige die Rückführung der Zerstreuten, die Wiederherstellung einer eigenen Rechtsprechung im Heiligen Land, die Vernichtung der Feinde, das Wohl der Gerechten, den Aufbau Jerusalems sowie die Ankunft des Messias. Die Bitte um Erhörung fasst das vorausgegangene Gebetsstück zusammen. Die Gebetstexte progressiver Gemeinden formulieren die Lobsprüche im Einklang mit ihren gewandelten Glaubensvorstellungen und Zukunftshoffnungen.

Seit der Zeit des Zweiten Tempels gehört das Gebet «Höre Israel» in die Liturgie des täglichen Gebets. Das «Schma» verknüpft drei biblische Textpassagen, die von Lobsprüchen ein- und ausgeleitet werden. Anders als herkömmliche Gebete enthält das «Höre Israel» gar keine Bitten, sondern bringt vielmehr als Bekenntnis die Essenz jüdischen Glaubens zum Ausdruck. Der erste Abschnitt, Deuteronomium 6,4–9, thematisiert vor allem die Verpflichtung, Gott zu lieben, sich mit dessen Lehre zu beschäftigen und auch die eigenen Kinder mit ihr vertraut zu machen. Im zweiten Teil, Deuteronomium 11,13–21, kommt sowohl die Notwendigkeit des menschlichen Gehorsams zur Sprache als auch die göttliche Zusage, die Menschen gemäß ihren Taten zu belohnen oder zu bestrafen. Auf diese beiden Absätze beziehen sich auch die Gebote zu Tefillin und Mesusa (*s. Frage 37, 36*), während sich von Numeri 13,37–41 am Schluss des Gebets die Vorschrift zu den Schaufäden (*s. Frage 41*) ableitet.

Das «Schma Jisrael» trägt seinen Namen nach seiner hebräischen Anfangszeile: «Höre Israel, der Ewige ist unser Gott, der Ewige ist einzig.» Im Unterschied zur Amida rezitiert die Gemeinde das Gebet stets sitzend, und zwar morgens und abends, am Schabbat und an den Feiertagen auch öfter. In der jüdischen Geschichte hat das «Höre Israel» seine besondere Bedeutung als Märtyrergebet: Von der Antike bis zum Holocaust sind Gläubige mit dem ersten Vers auf den Lippen in den Tod gegangen.

47. Ist das Kaddisch ein Totengebet? Das vielleicht bekannteste Gebet der jüdischen Liturgie ist das «Kaddisch» (Heilig), das nicht, wie die meisten übrigen Gebete, auf Hebräisch, sondern größtenteils in aramäischer Sprache überliefert ist. Es darf nach dem orthodoxen Religionsgesetz nicht allein, sondern nur in der Gemeinschaft von mindestens zehn Männern rezitiert werden. Dass selbst säkulare Juden heute noch an dem Brauch festhalten, das Kaddisch für verstorbene nahe Verwandte zu rezitieren, lässt Rückschlüsse darauf zu, wie tief das Gebet in Kultus und Kultur Israels verankert ist. Das Kaddisch als Gebet für die Verstorbenen zu charakterisieren, ist aber nur teilweise korrekt. In der Tat hat sich seit dem Mittelalter der Brauch durchgesetzt, dass der Sohn nach dem Tod eines Elternteils zu dessen Ehren elf Monate lang täglich und danach regelmäßig zum Jahrestag («Jahrzeit») das «Kaddisch Jatom» (Kaddisch der Waise) in der Synagoge spricht; desgleichen nach dem Verlust eines Geschwisterteils, eines Kindes oder der Ehefrau. Im Unterschied etwa zum «Jiskor» ([Gott] gedenke) ist das Kaddisch aber kein wirkliches Trauergebet und enthält auch keinerlei Hinweise auf den Tod, das göttliche Gericht oder das Jenseits. Vielmehr drückt es die Sehnsucht nach Gottes Reich aus, enthält Friedensbitten und vor allem die Aufforderung zur Preisung Gottes: «Sein großer Name sei gepriesen in Ewigkeit und Ewigkeit der Ewigkeiten». Durch die Verkündung von Gottes Lob ehren die Hinterbliebenen ihre Verstorbenen. Dabei lebt zum Teil der Volksglaube bis in die Gegenwart fort, dass der Trauernde durch das Sprechen des Kaddisch den Verdiensten der Seele etwas hinzufügt, wenn diese in der kommenden Welt für ihre Taten zur Verantwortung gezogen wird.

Das Kaddisch gehört aber vor allem in den alltäglichen Gottesdienst, wo es so häufig wie kein anderes Gebet erklingt. In seinen verschiedenen Variationen wird es sowohl zum Abschluss einzelner liturgischer Abschnitte als auch gegen Ende des Gottesdienstes gelesen. Dabei erfolgt die Rezitation jeweils als Responsorium zwischen Kantor und Gemeinde, die die einzelnen Verse mit der hebräischen Akklamationsformel «Amen» (übersetzt etwa: «so sei es») lautstark bekräftigt. Im Widerspruch zu halachischen Autoritäten lassen reformorientierte und die meisten konservativen Synagogen Frauen gleichberechtigt zu, wenn diese Kaddisch für nahe Angehörige sprechen möchten.

48. Sehen alle jüdischen Gebetbücher gleich aus? Von der ursprünglichen Tradition, beim gemeinschaftlichen Gebet keinerlei schriftliche Aufzeichnungen zu Rate zu ziehen, hat sich das religiöse Judentum angesichts einer wachsenden Vielfalt der liturgischen Überlieferungen seit langem entfernt. Das Wort «Siddur (Tefilla)» bedeutet: «(Gebets-)Ordnung» und ist als Bezeichnung für das jüdische Gebetbuch allgemein gebräuchlich. Der gedruckte Siddur enthält die während des Gottesdienstes gesprochenen Gebete für Wochentage, Schabbat und Feste. Moderne Gebetbücher geben auch Übersetzungen der Gebetstexte in die jeweilige Landessprache. Ausdrücklich zum Gebrauch für die (Hohen) Feiertage dient der mehrbändige Machsor (Zyklus), der nicht nur die Stammgebete aufführt, die regelmäßig von der Gesamtheit der Gläubigen gesprochen werden, sondern auch die umfangreichen poetischen Schöpfungen des Mittelalters zitiert, die für den synagogalen Gebrauch bestimmt sind.

Trotz mancher lokaler Unterschiede in den europäischen und außereuropäischen Regionen ist der überlieferte jüdische Gottesdienst insgesamt recht einheitlich: Orthodoxe aschkenasische Gebetbücher ähneln somit den Siddurim der Chassidim und weichen auch nur geringfügig von jenen der Sefarden ab. Konservative, rekonstruktionistische und liberale Gemeinden verwenden hingegen heute eigene Gebetsordnungen, in denen sich ihre spezifischen theologischen Axiome abbilden.

Die meisten jüdischen Gemeinden der Bundesrepublik benutzen das orthodoxe Gebetbuch «Sidur Sefat Emet», von dem erste Auflagen bereits im 19. Jahrhundert gedruckt wurden. Ausdrücklich für den Gebrauch in progressiven Gemeinden des deutschsprachigen Raums bestimmt, ist 1996/97 erstmalig der «Seder Ha-Tefillot» (Das jüdische Gebetbuch) erschienen. Da der herkömmliche Gottesdienst dem Glauben der Betenden nicht mehr uneingeschränkt entspreche und überdies zu lange dauere, sind darin zahlreiche Kürzungen und Streichungen vorgenommen worden, vor allem von Hinweisen, die sich auf den Opferkult, die Hoffnung auf einen persönlichen Messias sowie die leibliche Auferstehung der Toten beziehen. Stellen, die als Herabsetzung von weiblichen Gläubigen oder Nichtjuden ausgelegt worden sind, sind geändert, aktuelle Bezüge hergestellt, etwa in deutschsprachigen Gebeten und im Gedenken an den Holocaust wie auch an die Gründung des Staates Israel.

49. Priester oder Kantor – wer leitet den Gottesdienst? Die Tora schildert Moses als Stifter des Priestertums, der auf göttlichen Befehl hin seinem Bruder Aron und dessen männlichen Nachkommen die Verantwortung für die kultischen Handlungen überträgt (Exodus 28,1). Im Zentralheiligtum in Jerusalem versahen die Kohanim (Sing.: Kohen – Priester) vor allem den Dienst am Altar. Angehörige der Priesterkaste waren die Einzigen, die im Namen des Volkes die Opfer darbringen durften. Unterstützt wurden sie von den Leviten, den weiteren Nachkommen des Josephsohnes Levi, die auch Tätigkeiten als Wächter und Musiker verrichteten (vgl. Numeri 3,5–9). Seit der Zerstörung des Tempels durch die Römer und dem zwangsläufigen Ende des Opferdienstes sind freilich priesterliche und levitische Funktionen obsolet geworden. Familiennamen wie Cohn oder Levin weisen ihre Träger aber noch als Nachkommen der Priestergeschlechter und Tempeldiener aus.

Das gemeinschaftliche Gebet kommt heute im Grunde ohne priesterliche Intervention aus. In gesetzestreuen Gemeinden genießen der Kohen und der Levit noch das Vorrecht, als erster und zweiter zur

Tora aufgerufen zu werden. Eine Reminiszenz an die einstigen Ver-
richtungen im Tempeldienst ist der Priestersegen (Birkat Kohanim),
der Eingang in die Liturgie der Synagoge gefunden hat. Er läuft nach
einem festen Muster ab: Zunächst gießen Leviten den anwesenden
Priesternachfahren Wasser über die Hände. Nach dieser rituellen Reinigung stellen sich die Kohanim mit ausgezogenen Schuhen vor die
Gemeinde, um, eingehüllt in den Tallit, die Benediktion zu rezitieren
(Numeri 6, 24–26).

Die eigentliche Verantwortung für den korrekten Ablauf des gottesdienstlichen Ritus trägt heute in allen Gemeinden der «Chasan»
(Vorsänger, Kantor), der auch als Gesandter der Gemeinde bezeichnet wird und diese im Gebet anleitet sowie als Wortführer vor Gott
vertritt. Je nach örtlicher Tradition treffen die Synagogen unterschiedliche Regelungen: Häufig werden die Funktionen des Vorbe-
ters mit jener des Vorlesers aus der Tora (Baal Kore, *s. Frage 44*) ver-
eint. Soweit es die Zahl der beitragszahlenden Gläubigen erlaubt,
stellen jüdische Kultusgemeinden einen ausgebildeten Vorsänger
ein, doch kann auch ein Amateur dieses Amt übernehmen, sofern er
die wesentlichen Voraussetzungen – religiöse Integrität, eine ange-
nehme Stimme sowie die Kenntnis der Gebetsmelodien – erfüllt. In
liberalen und konservativen Gemeinden ist es längst üblich geworden, auch weibliche Kantoren mit der Leitung des Gebets zu be-
trauen.

50. Ist der Rabbiner ein Geistlicher?   Das hebräische Wort *Rav* bedeutet «Herr», «Meister», oder auch «Lehrer». Die Religionswissen-
schaft spricht häufig von den Rabbinen, wenn sie sich mit den Ge-
lehrtengeschlechtern des klassischen Judentums befasst, die in den
Lehrhäusern über die Tora diskutierten, ihren Lebensunterhalt aber
auf unterschiedliche Weise bestritten. Von diesen «Talmide Chacha-
mim» (Weisen) zu unterscheiden sind die Rabbiner, die uns seit dem
späten Mittelalter als gewählte und bezahlte Gemeindebeamte begegnen. Ihr Wissen erwarben die Rabbiner an den Talmudakade-
mien, den Jeschivot, wo sie sich vor allem mit der Halacha befassten.
Nach ihrer Ordination (Smicha) waren sie ihrerseits berechtigt, das
jüdische Religionsgesetz auszulegen und zu lehren. Im Unterschied
etwa zu katholischen Priestern verwalteten sie aber keine Sakramente
und nahmen auch nicht für sich in Anspruch, durch eine besondere
Heiligkeit herausgehoben zu sein. Im Zentrum des rabbinischen

Amts standen die Weitergabe des Wissens und v. a. richterliche Aufgaben im Rahmen der jüdischen Selbstverwaltung. Allein oder als Mitglied des rabbinischen Gerichtshofs «Bet Din» urteilten die Rabbiner in zivilrechtlichen Streitfällen und erteilten Auskunft in allen Fragen des religiösen Rituals.

Vor allem seit dem 19. Jahrhundert hat das Rabbinat in Mittel- und Westeuropa sowie in Amerika bedeutende Veränderungen durchlaufen, geistliche und seelsorgerische Funktionen haben immer mehr an Bedeutung gewonnen: Die meisten Rabbiner sehen inzwischen ihren Platz auch in der Synagoge, wo sie sich in Predigten in der Landessprache regelmäßig an ihre Gemeinde wenden. Auch bei den Übergangsriten wie Bar-Mizwa-Feiern, Hochzeiten und Beerdigungen sowie im Alter, bei Krankheiten und in anderen Lebenskrisen begleiten die Rabbiner die Gläubigen.

In der zweiten Hälfte des 19. Jahrhunderts existierten in Breslau und Berlin drei moderne Rabbinerseminare, für ein wissenschaftlich fundiertes Studium der jüdischen Theologie. Die Nationalsozialisten erzwangen die Schließung dieser Anstalten. Heute durchläuft ein Großteil des Rabbinernachwuchses seine Ausbildung in Israel oder in den USA. In Deutschland eröffnete erst im Jahr 2000 das liberal ausgerichtete Abraham-Geiger-Kolleg in Potsdam, das inzwischen regelmäßig Absolventen entlässt. Hier können auch Frauen das Rabbinerdiplom erwerben. 2009 wurden die ersten Rabbiner ordiniert, die am neu gegründeten orthodoxen Rabbinerseminar in Berlin studiert hatten. Auch die 1979 gegründete Hochschule für Jüdische Studien bietet Rabbinatsaspiranten die Möglichkeit, einen Teil ihrer Ausbildung in Heidelberg zu absolvieren.

51. Wie sieht eine Synagoge aus? Die Synagoge, die dem Talmud als «kleines Heiligtum» gilt, gehört als zentrale liturgische Stätte zu den Kerninstitutionen jeder jüdischen Gemeinde. Die Rabbinen prägten den Begriff «Bet Knesset», der wie das aus dem Griechischen abgeleitete Wort «Synagoge» als «Versammlungsort» übersetzt werden kann, denn die Synagoge diente immer zugleich dem sozialen Zusammenhalt. Auch das Studium des religiösen Schrifttums konnte dort stattfinden; das jiddische Wort «Schul» deutet noch auf diese Funktion als Lernort hin.

Während der gemeinschaftliche Gottesdienst auch in kleinen Betstuben in einem Privathaus stattfinden kann, wurden und werden

Synagogen – wenn möglich – als selbstständige Gebäude errichtet. Bis in die Neuzeit entsprach die Architektur jüdischer Gotteshäuser meist dem zeitgenössischen Stil der unmittelbaren Umgebung, zumal die Baumeister in der Regel keine Juden waren. Einhergehend mit der politischen Gleichstellung der jüdischen Bevölkerung Mittel- und Westeuropas im 19. Jahrhundert wurden die Synagogen größer und prächtiger, um von der Verwurzelung der Juden in ihren Heimatländern zu zeugen. Baute man bis ins frühe 20. Jahrhundert gern mit historisierenden Anklängen an die neuromanische, neugotische und neuislamische Formensprache, hat die moderne und postmoderne jüdische Sakralarchitektur ebenso wie der Kirchenbau unterschiedliche, zum Teil symbolistische Wege beschritten.

Die Innenraumausstattung mittelalterlicher und frühneuzeitlicher aschkenasischer Synagogen stimmt in wichtigen Merkmalen überein. Die Heilige Lade (Aron Hakodesch), der Ort, in dem hinter einem Vorhang (Parochet) die Torarollen aufbewahrt werden, steht stets an der Jerusalem zugewandten Ostseite des Baues, häufig in eine Apsis eingefügt. Unweit davon befindet sich das Ewige Licht (Ner Tamid), im Gedenken an die ständige Flamme im Tempel von Jerusalem. Keine Pflicht ist die häufig vorhandene Menora (*s. Frage 35*). In der Mitte des Gebäudes steht eine Bühne mit Pult, «Bima» oder «Almemor» genannt, von der aus die Tora gelesen wird. Die Sitzbänke sind um diese Erhöhung angeordnet. Dagegen befindet sich die Bima in sefardischen Synagogen in der Nähe der Westwand, das Gestühl steht hier entlang der Nord- und der Südseite. Sowohl in den sefardischen als auch in den aschkenasischen Gotteshäusern sitzen Frauen und Männer traditionell getrennt voneinander. Seit dem Mittelalter hat sich als Frauenabteilung eine umlaufende Galerie durchgesetzt, deren an der Brüstung angebrachtes Gitter als Sichtblende (Mechiza) dient.

In den Reformsynagogen rückte der Almemor nach Osten, wo häufig auch eine Predigtkanzel platziert wurde. Die Aufstellung der Bänke in parallelen, durch einen Mittelgang geteilten und nach Osten ausgerichteten Reihen vergrößerte die Ähnlichkeit zur inneren Ausgestaltung christlicher Kirchen, ebenso die Installation von Orgeln sowie die Einführung von Chören. Die konsequenteste Abkehr von der traditionellen Struktur jüdischer Betsäle hat das progressive Judentum in den USA vollzogen, wo auch die Trennung der Geschlechter aufgegeben worden ist. Demgegenüber halten orthodoxe Gemeinden an der alten Aufgliederung der Synagogenräume fest.

52. Warum werden auf den Friedhöfen Torarollen begraben? Die Halacha untersagt ausdrücklich, dass Texte, die den Namen Gottes enthalten, weggeworfen, verbrannt oder auf andere Weise vernichtet werden. Jüdische Gemeinden haben es sich deshalb seit langem zur Gewohnheit gemacht, ein Magazin bereitzustellen, das als Aufbewahrungsort für hebräische Bücher und Schriften dient, wenn diese infolge von Abnutzung oder Beschädigung nicht mehr verwendet werden können. Zudem werden auch untauglich gewordene rituelle Utensilien, insbesondere alte Gebetsriemen und Mesusot, gesammelt. Ein solches «Genisa» genanntes Versteck kann in einem an die Synagoge angrenzenden Raum eingerichtet werden, es befindet sich aber auch häufig auf dem Dachboden des Gotteshauses. Die auf diese Weise zusammengetragenen Papiere und Gegenstände werden dann von Zeit zu Zeit auf den Friedhof überführt, wo sie in einer feierlichen Zeremonie bestattet werden. In den ehemaligen Gotteshäusern deutsch-jüdischer Landgemeinden ist man wiederholt auf historische Genisot (Pl.) gestoßen. Von besonderer Bedeutung ist die gegen Ende des 19. Jahrhunderts wiederentdeckte Genisa der Juden in Kairo. Die wertvollen Handschriften und Textfragmente, deren Entstehung bis weit ins Mittelalter zurückreicht, wurden größtenteils nach Cambridge verbracht, wo sie der wissenschaftlichen Forschung zur Verfügung stehen.

Schabbat und Festkultur

53. Was unterscheidet den Schabbat von den übrigen Tagen der Woche? Der siebte Tag der Woche wird nicht, wie die übrigen sechs, mit einer hebräischen Letter oder mit einer Ordnungszahl bezeichnet, sein Name bringt auch seine inhaltliche Besonderheit als Ruhetag zum Ausdruck: «Schabbat», abgeleitet von dem hebräischen Verb *schavat*, das sowohl «ruhen» als auch «die Arbeit einstellen» heißt.

Schon die Tatsache, dass die wöchentliche Unterbrechung des Alltags als einziges rituelles Gebot in den Katalog der Zehn Gebote eingeflossen ist, verweist auf dessen zentralen Platz in der jüdischen Glaubenspraxis. Die Tora bezieht den Befehl an Israel, den Schabbat als Ruhe- und Festtag einzuhalten, universaltheologisch auf den Verlauf der Schöpfung: «Sechs Tage kannst Du arbeiten und all deine Werke verrichten: Aber der siebente Tag ist Feiertag dem Ewigen deinem Gott; da sollst Du keinerlei Werk verrichten [...] Denn sechs Tage hat der Ewige gemacht, den Himmel und die Erde, das Meer und alles, was darin ist, und geruhet am siebenten Tage; deswegen hat gesegnet der Ewige den Sabbat-Tag, und ihn geheiligt» (Exodus 20,9 f.). Hinzu kommt der besondere Zusammenhang mit Israels Erwählungsgeschichte: «Und sollst bedenken, dass du ein Knecht gewesen im Lande Ägypten und dich herausgeführt der Ewige dein Gott von da mit starker Hand und ausgestrecktem Arm, darum hat dir der Ewige dein Gott geboten den Sabbat-Tag zu halten.» Wie die Beschneidung hat Gott den Schabbat als Zeichen seines ewigen Bundes mit Israel eingesetzt (vgl. Exodus 31,13–17). Verpflichtet die halachische Überlieferung, den Schabbat zu heiligen, so wird dieser zugleich als Freudentag und Höhepunkt der Woche gefeiert – als Vorgeschmack auf das endgültige Heil in der kommenden Welt.

Neben der mehrfachen Teilnahme am öffentlichen Gebet tragen die überlieferten häuslichen Zeremonien im Familienkreis zur besonderen religiösen Atmosphäre des Schabbat bei. Durch körperliche Pflege und festliche Kleidung ebenso wie durch ein geschmücktes Heim und opulente Speisen unterstreichen die Gläubigen dessen herausragenden Stellenwert. Da ein Tag nicht unveränderlich zur Mitternachtsstunde, sondern abhängig von der Jahreszeit mit Einbruch der Dunkelheit beginnt (vgl. Genesis 1,5), verläuft der Schabbat vom Freitagabend bis zum Samstagabend. In überlieferungstreuen Familien dient der Freitag den aufwändigen Vorbereitungen vor allem der Mahlzeiten. Erst kurz vor Schabbatbeginn kehrt Ruhe im Haus ein. Die Hausfrau zündet die zwei Schabbatkerzen an, bedeckt ihre geschlossenen Augen mit den Händen und rezitiert den Lobspruch über das Licht. Während die Ehefrau und Mutter in der Regel zuhause bleibt, gehen die übrigen, vor allem die männlichen Familienmitglieder, zum Gottesdienst in die Synagoge, wo sie den Schabbat mit besonderen Gesängen, Gebeten und Psalmen begrüßen.

Danach beginnt zu Hause das gemeinsame Festmahl, an dem nach Möglichkeit auch Gäste teilnehmen sollen. Der Ehemann und Vater segnet zunächst seine Kinder. Neben einem Gebet über die dienenden Engel wird zu Ehren der Gattin und Mutter das Lob der «tüchtigen Hausfrau» gesprochen (Eschet Chajil; Sprüche 31,10–31). Jetzt füllt der Hausvater einen – meist silbernen – Becher mit Wein, spricht den «Kiddusch» (Heiligung [des Tages]) und nimmt einen Schluck, bevor der Kelch die Runde macht. Endlich nimmt der Hausherr die unter einer Decke verborgenen zwei geflochtenen Schabbatbrote («Challot»; auch «Barches» genannt) und segnet sie. Er teilt sie in Stücke, die er, bestreut mit Salz, allen Anwesenden zum Verzehr reicht. Erst danach beginnt das eigentliche Schabbatmahl.

Auch im weiteren Verlauf des Schabbat bewegen sich die Gläubigen zwischen Synagoge und Heim. Das morgendliche Gebet am Sonnabend ist der längste Gottesdienst der Woche (s. Frage 42). Das Religionsgesetz schreibt zwei weitere Mahlzeiten vor, die in der Regel nach dem Morgengottesdienst und am Nachmittag, zwischen Mincha und Maariv (s. Frage 43), stattfinden. Ansonsten kann der Tag der Ruhe und Muße dienen, fromme Juden widmen sich aber vor allem den religiösen Schriften. Nach dem Abendgottesdienst wird der Schabbat mit der «Havdala»-Zeremonie (Trennung, Unterscheidung) feierlich verabschiedet. Dafür werden ein Havdala-Becher mit Teller, eine flache, geflochtene Kerze mit mehreren Dochten sowie eine mit duftenden Gewürzen gefüllte «Besamim»-Büchse (Wohlgerüche) benötigt. Diese Utensilien gehören ebenso wie die Schabbatkerzenleuchter und der Kiddusch-Becher zu den typischen Ritualgegenständen jüdischer Haushalte. Der Hausherr füllt so viel Wein in den Becher, dass eine kleine Menge überfließt und auf den Teller rinnt. Nachdem er auch die Kerze angezündet hat, rezitiert er eine Anzahl von Lobsprüchen und reicht die Riechdose herum, damit die Familienmitglieder mit dem Duft noch ein letztes Mal die besondere

Atmosphäre des Schabbat in sich aufnehmen können. Nach dem Löschen der Kerze im Teller trinken die Anwesenden von dem Wein. Jetzt beginnt die neue Woche.

Durch diese idealtypische Schilderung des Schabbatverlaufs darf nicht der falsche Eindruck entstehen, dass die große Mehrheit der Juden diesem frommen Brauchtum noch heute strenge Beachtung schenkt. Auch in Israel, wo am Samstag ein großer Teil des öffentlichen Lebens zum Erliegen kommt, löst der Ruhetag bei der mehrheitlich säkular geprägten Bevölkerung nicht zwangsläufig religiöse Gefühle aus. Auf der anderen Seite reklamieren die nichtorthodoxen Strömungen, dass ihre zum Teil abweichenden Formen des Schabbatgedenkens nicht weniger «jüdisch» sind. Das progressive Judentum etwa bekennt sich unmissverständlich zum Schabbat als Mittelpunkt jüdischen Lebens, schätzt einzelne Rituale jedoch kritisch ein, soweit diese mit der sozialen Wirklichkeit in der Gegenwart im Widerspruch zu stehen scheinen oder sich in ihnen ein überkommenes Rollenverständnis der Geschlechter widerspiegelt. Grundsätzlich soll die Beachtung der Schabbatge- und -verbote auch im Einklang mit der Gewissensfreiheit jedes Einzelnen stehen.

54. Wieso dürfen Juden am Schabbat nicht mit dem Auto fahren?

Um die Heiligkeit des Schabbat zu wahren, sollen jüdische Gläubige nicht nur die geschilderten häuslichen Zeremonien beachten und an den öffentlichen Gottesdiensten teilnehmen, sondern sie sind zugleich gehalten, bestimmte andere Tätigkeiten zu unterlassen. Dem göttlichen Befehl, am siebten Tag «keinerlei Werke» zu verrichten (Exodus 20,10), stellt die Hebräische Bibel noch keine Ausführungsbestimmungen zur Seite, doch benennt die Tora hier und da konkrete Aktivitäten, auf die sich das Verbot bezieht. Systematischer stellt die Mischna (Schabbat 7,2) eine Liste mit 39 Hauptarbeiten auf, deren Verrichtung am Schabbat untersagt ist, und zwar abgeleitet von den Arbeiten bei der Errichtung und Unterhaltung des Stiftszelts, das den Israeliten während ihrer vierzigjährigen Wanderung durch die Wüste als mobile Kultstätte diente (vgl. Exodus 31 u. 35). Neben häuslichen, handwerklichen, landwirtschaftlichen und gewerblichen Tätigkeiten fallen auch das Anzünden und Löschen von Feuer, das Schreiben und das Tragen von Gegenständen aus dem privaten in den öffentlichen Bereich unter das Werkverbot. Als werktägliche Tätigkeiten, die der Heiligkeit des Tages widersprechen, gelten

auch die Beschäftigung mit Geld oder Geschäften und die Zurück-
legung größerer Distanzen – egal, ob sie mit der Berufsausübung zu
tun haben und ob sie mit körperlichen Anstrengungen verbunden
sind. Das Werkverbot bezieht sich auch gerade auf solche Handlungen, die ein Moment des Kreativen enthalten, wenn nämlich der
Mensch die Welt nach seinem Willen (um)formt. So wie Gott am siebten Tag von allem Schöpferischen Abstand nahm, soll Israel am
Schabbat ruhen.

Normativ ist die Auffassung, dass die alten Schabbatgesetze stets
ihre Gültigkeit behalten und sich auch auf die technisierte moderne
Welt beziehen lassen, dass das religiöse Recht aber zuweilen durchaus Erleichterungen zulässt. Gesetzestreue Juden betätigen z. B. am
Schabbat keinen elektrischen Schalter, weil das Schließen und Öffnen eines Stromkreises dem Entfachen und Löschen eines Feuers
entspreche. In vielen Haushalten kommen aber automatische Zeit-
schalter zum Einsatz. Orthodoxe Juden können auch am Schabbat
den Fahrstuhl benutzen, falls sich dieser während des Ruhetags ständig auf und ab bewegt und ohne Knopfdruck in jedem Stockwerk
hält. Mit dem Feuer hängt auch der Verzicht zusammen, am Schabbat ein motorbetriebenes Fahrzeug zu benutzen.

Die meisten Juden in Israel und anderswo sind jedoch nicht mehr
bereit, die erheblichen Einschränkungen auf sich zu nehmen, die die
Schabbatruhe mit sich bringt. Einem säkularen Verständnis entspricht es, den Sonnabend vor allem als freien Tag zu betrachten, den
man allein, im Kreis der Familie oder mit Freunden gestalten kann.
Die nichtorthodoxen religiösen Gruppierungen hingegen halten
durchaus an Schabbattraditionen fest, Reformen einzelner Fröm-
migkeitspraktiken erfolgen im Einklang mit den theologischen
Grundsätzen der jeweiligen Strömung. Das progressive Judentum
weicht deutlicher noch als das konservative Judentum von den gesetzestreuen Auslegungen des Schabbatgebots ab. Manche Aktivitäten – etwa der Gebrauch von elektrischen Geräten – fallen gar nicht
mehr unter das Arbeitsverbot, andere Tätigkeiten werden abhängig
davon bewertet, welchem Zweck sie dienen. So lässt sich auch das
Autofahren rechtfertigen, wenn man nicht etwa das nächste Ein-
kaufszentrum, sondern die Synagoge erreichen will. In jedem Fall
liegt die Gewissensentscheidung beim einzelnen Gläubigen.

55. Wann beginnt das jüdische Jahr? Von einem Neujahrsfest ist in der Tora noch keine Rede. Als erster Monat des Jahres gilt hier der Nissan (ca. März/April; vgl. Exodus 12,2). Dennoch feiern Juden den Jahresanfang zu Beginn des siebten Monats Tischri (ca. September/ Oktober): Rosch Haschana, den die Bibel aber lediglich als «Tag des Trompetenschalls» benennt (Leviticus 23,24). Da es den Gläubigen ursprünglich Schwierigkeiten bereitete, auf der Grundlage von Himmelsbeobachtungen das genaue Datum des Monatsbeginns (d. h. des Neumonds) zu ermitteln, feiern die meisten Synagogen sowohl in der Diaspora als auch in Israel noch heute das Neujahrsfest zwei Tage lang, d. h. am 1. und am 2. Tischri. Dabei gilt nach rabbinischer Auffassung der 1. Tischri als der Tag, an dem Gott die Welt erschuf. Gemeinsam mit dem Jom Kippur (*s. Frage 56*) zählt Neujahr zu den Hohen Feiertagen, die sich durch gesteigerte Festlichkeit auszeichnen. An ihnen finden sich auch Menschen in den Synagogen ein, die ansonsten kaum mehr am öffentlichen religiösen Leben teilhaben.

Anders als etwa die Wallfahrtsfeste Pessach, Schavuot und Sukkot (*s. Fragen 60, 61, 57*) knüpft Rosch Haschana nicht unmittelbar an Ereignisse der geglaubten Geschichte Israels an, bezieht sich also nicht auf die Herausführung aus Ägypten, die Offenbarung am Sinai oder die Wüstenwanderung. Die Mischna charakterisiert das Fest vor allem als Tag des Gedenkens und des (himmlischen) Gerichts. An ihm lässt Gott jeden Einzelnen an sich vorüberziehen, um dann je nach Verdienst und Vergehen das Urteil zu fällen. Dieser Vorstellung entspricht auch der Neujahrsgruß, mit dem die jüdischen Gläubigen einander am Neujahrstag begegnen: «Zu einem guten Jahr mögest Du eingeschrieben (und besiegelt) werden.» Der babylonische Talmud weiß zu berichten, dass zu Beginn des Jahres drei Bücher aufgeschlagen werden: «eines für die völlig Gottlosen, eines für die völlig Frommen und eines für die Mittelmäßigen. Die völlig Frommen werden sofort zum Leben aufgeschrieben und besiegelt, die völlig Gottlosen werden sofort zum Tode aufgeschrieben und besiegelt, und die Mittelmäßigen bleiben vom Neujahrsfeste bis zum Versöhnungstage in der Schwebe; haben sie sich verdient gemacht, so werden sie zum Leben verschrieben, haben sie sich nicht verdient gemacht, so werden sie zum Tode verschrieben» (bRosch Haschana 16b). Da das Urteil erst am Versöhnungstag, dem «‹Jom Kippur›», besiegelt wird, haben Juden während der sog. «zehn Tage der Umkehr» (asseret Jeme Tschuva) noch Gelegenheit, sich durch Reue und Sinneswandel zu bewähren und das Los zu ihren Gunsten zu wenden. Zu diesem Zweck werden auch zahlreiche Bußgebete (Slichot – [Gebete der] Vergebung) gesprochen, die manche Gläubige schon während des Vormonats Elul rezitieren.

Beim Kiddusch in der Nacht des Neujahrstages wird das Brot, die Challa, nicht wie am Schabbat in Salz, sondern in Honig getaucht. Mit Honig wird auch ein Stück Apfel gesüßt, das die anwesenden Familienmitglieder nach dem passenden Segensspruch verspeisen.

Abgesehen von dem häuslichen Festmahl verbringen die Betenden viele Stunden in der – häufig weiß geschmückten – Synagoge. Im Mittelpunkt des Festgottesdienstes steht das vielmalige Ertönen des Schofar, eines gewundenen und ausgehöhlten Widderhorns, das sowohl an die Fesselung Isaaks (vgl. Genesis 22) erinnert als auch als Mahnruf an Israel verstanden wird, sich des Gottesbundes zu erinnern. Im Verlaufe des Zusatzgottesdienstes Mussaf werden besondere Litaneien eingefügt, die Gottes Königtum (Malchujot), Gottes Gedenken (Sichronot) und den Schofar (Schofarot) ins Bewusstsein rufen. Nur an diesem Tag (sowie am Jom Kippur) wirft sich die Gemeinde beim Gebet zu Boden. Nach dem Mincha-Gebet des ersten Neujahrstages begeben sich die männlichen Beter für die «Taschlich»-Zeremonie («Du wirst werfen»; vgl. Micha 7,19) an ein fließendes Gewässer. Sie flehen um Gottes Vergebung und leeren zugleich die Taschen ihrer Kleidung, um sich symbolisch der Sünden des vergangenen Jahres zu entledigen. Der mittelalterliche Brauch stammt vermutlich aus dem Rheinland und hat sich später auch in vielen sefardischen Gemeinden durchgesetzt. Obwohl sich manche rabbinische Autoritäten gegen das Ritual ausgesprochen haben, erfreut es sich sowohl in als auch außerhalb der Orthodoxie großer Beliebtheit.

56. Weshalb gibt es an Jom Kippur nichts zu essen? Höhepunkt des liturgischen Jahres ist der Versöhnungstag – im Hebräischen «Jom Kippur» oder «Jom Hakippurim» –, mit dem am 10. Tischri die zehn «Tage der Umkehr» zu Ende gehen. Die hebräische Bibel bezeichnet den Jom Kippur als Tag heiligster Ruhe (Schabbat Schabbaton), an dem das Heiligtum, die Priesterschaft und das gesamte Volk durch die Darbringung von Opfern gesühnt wurden. Nur am Versöhnungstag sprach der Hohepriester den Namen Gottes, das Tetragramm *JHWH*, aus und betrat den innersten Bereich des Tempels. Teil des Zeremoniells war ein – heute archaisch anmutendes – Ritual, bei dem der Hohepriester sämtliche Sünden Israels auf einen Widder, den «Sündenbock», übertrug: «Und Aharon lege seine beiden Hände auf den Kopf des lebenden Bockes, und bekenne über ihm alle Vergehungen der Kinder Israel und all ihre Missetaten in all ihren Sünden, und er lege sie auf den Kopf des Bockes und schicke (ihn) fort durch einen bereitstehenden Mann in die Wüste. Und der Bock trage auf sich all ihre Vergehungen in ein ödes Land» (Leviticus 16,21 f.).

Nach der Zerstörung des Jerusalemer Zentralheiligtums und dem Ende des Opferkultes rückte die sittliche Komponente des Versöhnungstages in den Vordergrund. Gott steht es frei, dem Menschen Vergebung zu gewähren – sofern der Einzelne bußfertig und gewillt ist, das Leben im Einklang mit seinem Schöpfer zu gestalten. Die Mischna stellt zudem klar, dass der Jom Kippur Verfehlungen gegenüber Mitmenschen nicht automatisch sühnt: «Übertretungen zwischen einem Menschen und Gott sühnt der Versöhnungstag, Übertretungen zwischen einem Menschen und seinem Nächsten sühnt der Versöhnungstag nur, wenn er mit seinem Nächsten zuvor Frieden geschlossen hat» (Joma 8,9).

Anders als die übrigen Feiertage wird der Versöhnungstag hinsichtlich des Werkverbots dem Schabbat gleichgesetzt. Außerdem wird er als strenger Fastentag begangen, an dem die Gläubigen weder essen noch trinken dürfen (mit Ausnahmen bei Kranken, Schwangeren oder Wöchnerinnen). Eine letzte reichhaltige Mahlzeit im Kreis der Familie wird deshalb vor Einbruch der Dunkelheit eingenommen. Kinder sollen, bevor sie die religiöse Mündigkeit erreichen, allmählich an diese Pflicht gewöhnt werden. Weitere Beschränkungen beziehen sich auf die Körperpflege, das Tragen von Lederschuhwerk sowie auf sexuelle Kontakte (Joma 8,1). Am Jom Kippur finden Gottesdienste zu insgesamt fünf Gebetszeiten statt, so dass die Gläubigen beinahe den gesamten Tag in der Synagoge verbringen. Viele verheiratete Beter vor allem in orthodoxen Gemeinden legen ihr weißes Sterbegewand (den «Kittel») sowie ihren Tallit an. Geprägt wird die festtägliche Liturgie durch die zahlreichen Slichot-Bußgebete, die religiösen Dichtungen (Pijutim) sowie durch das Sündenbekenntnis (Widdui), das die Gottesdienstteilnehmer zu allen fünf Gebetszeiten mehrfach rezitieren. Auch das Totengedenken hat an diesem Tag einen wichtigen Platz. Während des Mussaf (s. *Frage 43*) trägt der Kantor eine poetische Schilderung des Opferdienstes am Tempel (Avoda) vor. «Neila» (Schließung) heißt der Gottesdienst am Ende des Jom Kippur, bei dem die Betenden ein letztes Mal um Besiegelung im Buch des Lebens flehen, bevor die Tore des Himmels geschlossen werden. Ein langgezogener Ton des Schofars nach Einbruch der Dunkelheit verkündet schließlich das Ende des Festtags. «Anbeißen» wird die festliche Mahlzeit genannt, die die Gläubigen nach dem Fasten zu sich nehmen.

Den geschilderten normativen Traditionen folgt vor allem das gesetzestreue Judentum. Viele Orthodoxe praktizieren überdies den mittelalterlichen Brauch der «Kapparot» (Sühnungen): Am Vorabend des Jom Kippur übertragen sie symbolisch die drohenden Bestrafungen auf ein Huhn, indem sie das Tier dreimal über ihrem Kopf schwingen, während sie die passenden Gebetsverse sprechen. Die meisten Juden jedoch lehnen diese Zeremonie als vermeintlich «primitives Ritual des Volksglaubens» ab. Ansonsten pflegen die nichtorthodoxen Richtungen zwar zum Teil eigene Gebetstraditionen, doch überwiegen die Übereinstimmungen. Im modernen Israel kommt das öffentliche Leben einschließlich des Verkehrs am Versöhnungstag vollständig zum Erliegen. Jüdinnen und Juden auf der ganzen Welt, orthodoxe, konservative, liberale und selbst manche der Religion fern stehende, begehen den 10. Tischri mit Fasten und intensivem Gebet. In einer säkular geprägten Epoche findet der Versöhnungstag als heiliger Tag einen bemerkenswert großen Zuspruch.

57. Wieso bauen Juden zu Sukkot Laubhütten? «(Chag) Sukkot» ist der hebräische Name des Laubhüttenfestes, das am 15. Tischri (September/Oktober) beginnt und eine ganze Woche lang gefeiert wird. Einst pflegte die männliche jüdische Bevölkerung des Landes zum Tempelheiligtum nach Jerusalem zu pilgern, um dort Opfer darzubringen. Sukkot ist ein Freudenfest, das wie Pessach und Schavuot ursprünglich als Erntedankfest (vgl. Exodus 23,16) gefeiert wurde, später aber die Befreiung aus der ägyptischen Knechtschaft in den Mittelpunkt rückte. Das Laubhüttenfest ruft den göttlichen Schutz in Erinnerung, als die Israeliten nach dem Exodus die Wüste durchquerten und als Nomaden in unbefestigten Wohnungen lebten (Leviticus 23,43).

Zu den wichtigsten religiösen Traditionen der Sukkot-Woche gehört der zeitweilige Aufenthalt in Laubhütten (Sukkot, Sing. Sukka). Sofern ihnen ein Grundstück oder auch nur ein Balkon zur Verfügung steht, sind (männliche) Juden aufgerufen, rechtzeitig vor dem

Fest mit der Errichtung einer Sukka zu beginnen. Zu Bau und Benutzung machen Mischna und Talmud (Traktat «Sukka») detaillierte Angaben. Das Dach soll sowohl Schatten spenden als auch einen Teil des Lichtes durchlassen und den Anblick der Sterne ermöglichen. Verwendet werden dürfen Zweige, Blätter, Stroh, Schilfrohr oder andere pflanzliche Materialien, die den provisorischen Charakter der Konstruktion hervorheben. Wo die Wetterverhältnisse die Benutzung einer Sukka erschweren, begnügen sich die Gläubigen damit, am ersten Abend eine symbolische Mahlzeit in einer von der Gemeinde errichteten Laubhütte einzunehmen.

Normierter Brauch ist auch der aus vier Arten (arbaa Minim) bestehende Feststrauß (vgl. Leviticus 23,40), der den Dank für den Ertrag der Erde ausdrückt und zugleich Gottes Fürsorge für die Welt symbolisiert. Der Wedel einer Dattelpalme («Lulav» – der Begriff bezeichnet als pars pro toto auch den ganzen Strauß) wird mit zwei Bachweiden- (Aravot) und drei Myrtenzweigen (Hadassim) zusammengebunden. Eine «Etrog» genannte Zitrusfrucht vervollständigt den Lulav. Beim Morgengottesdienst während der gesamten Woche, mit Ausnahme des Schabbat, halten die männlichen Beter das Gebinde in beiden Händen. Lobsprüche rezitierend, schütteln sie es in die unterschiedlichen Himmelsrichtungen sowie nach oben und unten. Während des Mussaf findet ein prozessionsartiger Umzug statt, in deren Verlauf die Männer mit dem Lulav das Torapult umkreisen, während die Gemeinde die «Hoschana»-Litaneien («Rette doch!») anstimmt. «Hoschana Rabba» heißt der siebte und letzte Tag von Sukkot, an dem die Beter den Almemor sogar insgesamt siebenmal umrunden.

In der Diaspora werden die beiden ersten Tage von Sukkot als Hauptfeiertage (Chag) begangen, die übrigen Tage gelten als Zwischenfeiertage (Chol Hamoed), an denen das Werkverbot weniger streng gehandhabt wird. In Israel hingegen sowie im liberalen Judentum beschränken sich die Feiern auf den ersten Tag. Am Schabbat der Sukkotwoche lesen vor allem aschkenasische Synagogen aus der Festrolle «Kohelet» (Prediger), deren pessimistische Grundstimmung die Heiterkeit des Laubhüttenfestes dämpft. «Schmini Azeret» (achter [Tag] der Festversammlung), auch Schlussfest genannt, ist ein selbstständiger Feiertag unmittelbar im Anschluss an Sukkot (vgl. Leviticus 23,36). Zum Gedenken an die Toten schalten viele Gemeinden das Trauergebet «Jiskor» ein. Die Gebetsordnung nimmt einen Lobspruch über den Regen (Tefillat Hageschem) auf, den die jüdischen Gottesdienstbesucher fortan bis Pessach im Achtzehngebet sprechen. Torafreudenfest (Simchat Tora) heißt der folgende Tag, den die Juden Israels sowie progressive Diasporagemeinden aber mit dem Schlussfest zu einem Festtag zusammenfassen. Nun endet und beginnt zugleich erneut der Lesezyklus des Pentateuch. Eine besondere Ehre widerfährt denjenigen, die als Chatan Tora (Bräutigam der Tora) oder als Chatan Bereschit (Bräutigam des Anfangs) zur Tora aufgerufen werden, um den letzten bzw. den ersten Abschnitt des Pentateuch zu lesen. Jüdische Gemeinden weltweit begehen den Anlass als Tag ausgelassener Freude, an dem die Gläubigen die vorhandenen Torarollen mit Gesang und Tanz durch die Synagoge tragen, wobei sie die Lesebühne siebenmal umkreisen.

58. Welches Wunder geschah an Chanukka? Hinsichtlich seiner religiösen Bedeutung steht «Chanukka» (wörtl.: Einweihung) eindeutig im Schatten der biblischen Hauptfeste, doch das achttägige «Weihefest» gehört heute weltweit bei Jung und Alt zu den beliebtesten jüdischen Feiertagen. Seinen Namen trägt Chanukka in Erinnerung an den erfolgreichen Kampf der Hasmonäer gegen die Hellenisierungspolitik der griechisch-syrischen Besatzer. König Antiochus IV. Epiphanes aus der Dynastie der Seleukiden hatte die Ausübung der jüdischen Religion untersagt und das Zentralheiligtum in Jerusalem als Kultstätte des olympischen Zeus entheiligt. Unter der Führung der Makkabäer wagten die Juden den Aufstand, in dessen Verlauf sie 164 v. d. Z. den Tempel besetzten, reinigten und feierlich neu einweihten. Die Gemeinde Israels, so schildert es das erste Buch der Makkabäer (4,59), legte daraufhin fest, dass im Gedenken an dieses Ereignis fortan jedes Jahr ein achttägiges Freudenfest gefeiert werden solle. Eine spätere Legende, die sich im Talmud findet, bringt Chanukka dann mit einem Wunder in Verbindung: Demnach hatte sich im befreiten Tempel nur noch ein einziges Krüglein mit geweihtem Öl befunden, um die große Menora zu entzünden. Trotz der geringen Menge brannten die Flammen volle acht Tage, bis neues reines Öl zur Verfügung stand (bSchabbat 21b).

Chanukka ist auch als das Lichterfest bekannt. Es beginnt stets am 25. des Monats Kislew, fällt also meist in den Dezember und damit in die Zeit der Wintersonnenwende. Private Zeremonien prägen das Fest, in dessen Mittelpunkt das Anzünden des Chanukka-Leuchters (Chanukkia) steht. Kunsthandwerklich mehr oder weniger aufwändig gestaltete Exemplare zählen deshalb zur typischen Grundausstattung jüdischer Haushalte. Der Leuchter hat acht Lichter, entweder Kerzen oder mit einem Docht bestückte Ölwannen. Zum Anzünden dient ein als «Diener» (Schamasch) bezeichnetes neuntes Licht. Zu Beginn des Festes entfacht man die erste Flamme, an den darauf folgenden Abenden brennt dann jeweils ein weiteres Licht, bis die Chanukkia am achten Tag komplett erleuchtet ist. Segenssprüche, Gebete und Hymnen, z. B. das gemeinsam gesungene «Maos Zur» («Zuflucht, [meiner Hilfe] Hort»), begleiten diese Handlungen. Ein generelles Werkverbot gilt nicht, doch sollen die Frauen mindestens eine halbe Stunde lang keine Arbeiten verrichten, während die Lichter brennen. Besondere Speisen, etwa die in Öl zubereiteten Reibekuchen (Latkes) und Krapfen (Sufganijot), aber auch Spiele wie der mit hebräischen Buchstaben beschriftete Kreisel (jidd.: Dreidel oder Trendel) sorgen dafür, dass auch die Kinder nicht zu kurz kommen. Vermutlich aufgrund der zeitlichen Nähe zum Weihnachtsfest hat sich vielerorts der Brauch etabliert, dass die Töchter und Söhne zu Chanukka Geld oder andere kleine Geschenke erhalten.

59. Warum berauschen sich Juden zu Purim?   Kein anderes jüdisches Fest wird in so ausgelassener Stimmung gefeiert wie Purim, das neben Chanukka zu den kleineren Festen gehört. Als Festlegende liegt Purim das biblische Estherbuch zugrunde. Dieser Text, dessen Historizität vielfach angezweifelt wird, nennt Gott nicht ein einziges Mal. Bemerkenswert ist zudem, dass sich die Handlung im babylonischen Exil und damit außerhalb Israels vollzieht: Der Jüdin Esther, vermählt mit dem persischen König Ahasver, gelingt es, ein gegen die jüdischen Bewohner des Landes beschlossenes Unheil abzuwenden. Unterstützt von ihrem Ziehvater Mordechai, der ebenfalls am Hofe dient, lenkt sie den Zorn ihres Gatten auf dessen Wesir Haman, der den Mordplan an den Juden ersonnen hat. Am 13. Adar, jenem Tag, der durch den Wurf der Lose (Purim) als Datum der Exekution bestimmt worden ist, kommen Haman, seine Söhne und alle anderen Verleumder zu Fall und werden ihrerseits getötet.

Purim fällt auf den 14. Adar (Februar/März), nur in Jerusalem feiert man einen Tag später (Schuschan Purim). In Anlehnung an das Fasten, dass die persischen Juden auf Esthers Bitten hin durchführen, bevor sie den König aufsucht, gilt der Tag vor Purim als Fastentag (Taanit Ester). Zentrales liturgisches Merkmal des Festes ist die zweimalige Lesung der handgeschriebenen Esterrolle. Zu den wichtigsten Geboten gehören das Verteilen von Almosen und Geschenken sowie die Teilnahme an einem Festmahl (vgl. Esther 9,22). Obwohl die jüdische Religion ansonsten einem mäßigenden Umgang mit Alkohol das Wort redet, schreibt der Talmud vor, man solle an Purim so ausgelassen zechen, bis man zwischen «Verflucht sei Haman» und «Gesegnet sei Mordechai» nicht mehr unterscheiden könne (bMegilla 7b). Viele – regional unterschiedliche – Festbräuche gehen aber nicht auf religiöse Vorschriften zurück, sondern gehören zur Folklore des Tages: Das Aufführen von kurzen Theaterstücken, sog. Purimspielen, karnevalsähnliche Maskenumzüge und das Lärmen mit besonderen Purim-Rasseln während des Gottesdienstes haben eine lange Tradition und tragen bis in die Gegenwart zu der beachtlichen Popularität des Festes vor allem bei Kindern bei. Aber auch die Esther-Erzählung spricht die Gläubigen noch immer an, weil in ihr die historische Erfahrung der Juden als Minderheit anklingt, die immer wieder Verfolgungen ausgesetzt gewesen ist.

60. Warum sollen vor dem Pessachfest keine Getreideprodukte im Haus sein? Zu den ältesten Festen der jüdischen Religion gehört Pessach, für das Luther die deutsche Form «Passa» benutzte. Die Feiertagskalender der Hebräischen Bibel bezeichnen es auch als «Fest der ungesäuerten Brote» (vgl. Exodus 23,15; 34,18; Leviticus 23,5). Vieles spricht für die Hypothese, dass Pessach aus der Verbindung eines Hirtenfestes mit einem zeitnahen Erntefest hervorgegangen ist, das nach der Einbringung der Wintergerste gefeiert wurde. Neben Schavuot und Sukkot war Pessach in der Kulttradition Israels als Wallfahrtsfest verankert, zu dem die Bewohner des Landes nach Jerusalem pilgerten und dort im Zentralheiligtum Opfer darbrachten. Während die landwirtschaftlichen Bezüge deutlich in den Hintergrund getreten sind, ist die Erinnerung an die Befreiung aus der ägyptischen Knechtschaft als heilsgeschichtliches Ereignis in den Mittelpunkt der Glaubenspraxis gerückt (vgl. Exodus 12,17; Deuteronomium 16,1–6). Die Semantik des Wortes «Pessach» ist zwar umstritten, doch wird es häufig auf die Bedeutung «vorbeigehen», «auslassen» bezogen und als Hinweis auf die Verschonung der Israeliten gedeutet, als Gott Ägypten mit dem Tod der Erstgeborenen schlug. In der Zeit des Zweiten Tempels erfuhr die Theologie des Festes zugleich eine messianische Aufladung, indem die Gläubigen den Exodus auch als Hinweis auf ein zukünftiges Erlösungsgeschehen verstanden. Seit der Zerstörung Jerusalems durch die Römer, die auch dem priesterlichen Opferdienst ein Ende bereitete, hat die Feier ihren Platz vornehmlich im privaten Bereich von Familie und Wohnung. Pessach, das wie das Laubhüttenfest eine volle Woche dauert, erfordert aufwändige Vorbereitungen. Im Pentateuch kommt das Verbot des Gesäuerten verschiedentlich zur Sprache: «Sieben Tage sollt Ihr ungesäuertes Brot essen, doch am ersten Tage müsst Ihr Sauerteig wegschaffen aus euren Häusern; denn wer Gesäuertes isst, dieselbige Seele soll ausgerottet werden aus Israel, vom ersten Tage bis zum siebenten Tage. [...] Beobachtet die ungesäuerten Brote! Denn an eben demselben Tage habe ich herausgeführt euere Scharen aus dem Lande Ägypten, und ihr sollt beobachten diesen Tag bei euern Geschlechtern als ewige Satzung. Am ersten, am vierzehnten Tage des Monats, am Abend sollt ihr ungesäuertes Brot essen; bis zum einundzwanzigsten Tage des Monats am Abend. Sieben Tage soll Sauerteig nicht gefunden werden in euern Häusern» (Exodus 12,15–20). Es ist geläufiger Brauch, dass der Hausvater, gegebenenfalls mit Unterstützung der Kinder, eine gründliche Durchsuchung des gesamten Haushalts vornimmt und alles «Chamez» (Gesäuertes, d. h. sämtliche Getreideprodukte) entfernt, um es entweder zu verbrennen oder an eine nichtjüdische Person zu übergeben. Außerdem müssen Geschirr, Geräte sowie Herd und Ofen einer rituellen Reinigung unterzogen («gekaschert») werden, damit sie während des Festes verwendet werden können. Als «Mazzot» (Sg. Mazza) werden die dünnen, nur aus Mehl und Wasser gebackenen Fladen bezeichnet, die während der Pessachzeit das herkömmliche, aus Sauerteig hergestellte Brot ersetzen. Sie sollen an den eiligen Aufbruch aus Ägypten erinnern, der die Israeliten daran hinderte, den Brotteig zu säuern. Heute backen jüdische Familien üblicherweise die Mazzot nicht selbst; sie werden maschinell, aber unter rabbinischer Aufsicht hergestellt.

Anfang und zugleich Höhepunkt von Pessach ist die «Seder» (Ordnung) genannte Feier am Vorabend des 15. Nissan (März/April) im Gedenken an den Auszug der Israeliten aus Ägypten. Auf der geschmückten Tafel findet sich neben Weingläsern für alle Teilnehmer ein zusätzlicher Kelch, der für den Propheten Elias als Künder der messianischen Erlösung reserviert ist. Traditionell leitet das männliche Familienoberhaupt die häusliche Zeremonie. Vor ihm liegen, unter einem Tuch verborgen, drei Mazzot. In einer flachen Schale, dem Sederteller, befinden sich sechs symbolische Speisen: 1. ein Ei (Beza), 2. ein Knochen bzw. Röstfleisch (Sroa), Bitterkraut (Maror; in der Regel Rettich), eine Erdfrucht (Karpas; Petersilie, Sellerie, Radieschen, Zwiebel oder Kartoffel), Mus (Charosset; zubereitet aus Früchten, Nüssen, Gewürzen und Wein) und ein weiteres Gemüse (Chaseret; meist identisch mit Maror). Ein Schälchen mit Salzwasser zum Eintunken des Karpas ergänzt diese Gerichte. Ein komplexes Ritual legt genau fest, wann die Anwesenden von welchen der auf dem Sederteller angeordneten Speisen kosten. Im Verlauf des Sederabends werden zudem (hebräische) Erzählungen und Legenden vorgetragen, die sich mit Gebeten, Psalmen, Lobsprüchen und Gesängen abwechseln. Sie lassen sich in der «Haggada (schel Pessach)», der Pessach-Erzählung nachlesen, die auch genaue Anweisungen zum Ablauf der religiösen Handlungen erteilt. Von diesem Büchlein existieren mittelalterliche, kostbar illustrierte Handschriften, doch benutzen die Gläubigen heute gedruckte Ausgaben, die auch mit Übersetzungen und Kommentaren erschienen sind. Die Schilderung der Bedrückung während der Knechtschaft, die Auflistung der zehn Plagen, die Gott über Ägypten kommen ließ, sowie die wundersame Befreiung des Volkes Israel nehmen breiten Raum ein. Dabei soll sich jeder Jude so betrachten, als habe er selbst an dem Auszug teilgenommen. Indem die Familienmitglieder das ungesäuerte Brot verzehren und von den Nahrungsmitteln auf dem Sederteller kosten, vergegenwärtigen sie unterschiedliche Aspekte des historischen Geschehens. Auch der Wein (oder Traubensaft), von dem jeder Teilnehmer während des Seder vier Becher trinken muss, knüpft sinnbildhaft an die Rettungserfahrung an.

Das jüdische Gebetbuch umschreibt Pessach als «Fest unserer Freiheit». Dass die Feier des Seder auch in nichtreligiösen jüdischen Familien großen Anklang findet, mag man deshalb auch auf eine mögliche säkulare Ausdeutung beziehen. Aber auch Kinder lieben das Fest, in dessen Ritual sie auf vielfältige Weise eingebunden sind. So stellt der jüngste Sohn vier Fragen zur Besonderheit der Nacht und ihrer Bräuche und leitet auf diese Weise die Erzählung ein. Zudem berichtet die Haggada von den vier Söhnen, denen die Bedeutung der Pessachgeschichte auf jeweils unterschiedliche Weise vermittelt werden muss. Zur Fröhlichkeit des Abends trägt das Verstecken des «Afikoman» bei, eines Stücks Mazza, das in der Regel die Kinder «entwenden», verstecken und dem Familienoberhaupt gegen die Zusicherung eines kleinen Geschenks wieder ausliefern. Nach dem Schlussgebet und dem ausgesprochenen Wunsch: «Nächstes Jahr im wiedererbauten Jerusalem» klingt der Seder mit alten Volksliedern aus, die Kinder und Erwachsene gemeinsam anstimmen.

In Israel gelten sowohl der 15. als auch der 21. Nissan als Festtage, während das Werkverbot an den übrigen fünf Zwischenfeiertagen eine Reihe von Ausnahmen zulässt. Allerdings verlangt die Halacha, dass die Hauptfeiertage der Wallfahrtsfeste in der Diaspora doppelt begangen werden. Orthodoxe und konservative Gemeinden außerhalb Israels feiern deshalb den Seder am Abend sowohl des 14. als auch des 15. Nissan. Progressive Juden hingegen beschränken sich meist auf den ersten Seder. Allerdings bieten viele liberale Gemeinden am zweiten Abend gemeinsame Sederfeiern an, zu denen sich vor allem die allein stehenden Mitglieder versammeln. Die Haggada-Texte des Reformjudentums unterscheiden sich inhaltlich kaum von den Texten traditioneller Prägung, doch suchen sie sowohl der Gleichberechtigung der Geschlechter Rechnung zu tragen als auch den eigenen theologischen Standort zu benennen.

61. Wie lange dauert das Wochenfest? Zwischen den Wallfahrtsfesten Pessach und Schavuot liegt die Omer-Periode, die genau sieben mal sieben Tage dauert. Das Omer-Zählen (Sefirat Haomer) beginnt am zweiten Pessachtag, an dem die Israeliten ein «Omer» (eine Garbe bzw. Hohlmaß für Getreide) der neuen Gerste in den Tempel trugen und als Opfer darbrachten (vgl. Leviticus 23,10–16). Die Omer-Zeit gilt als Trauerperiode, in der sich die Gläubigen nach orthodoxer Tradition weder rasieren noch die Haare schneiden dürfen. Hochzeitsfeiern oder andere Vergnügungsveranstaltungen finden ebenfalls nicht statt. Am 33. Tag des Omer (Lag Baomer, am 18. Ijjar) wird die Trauer für einen Tag ausgesetzt oder sogar, nach anderer Auslegung, beendet. Besonders unter dem Einfluss der Kabbala haben sich unterschiedliche Rituale für diesen Halbfeiertag herausgebildet. In Israel, wo die Kinder schulfrei haben, bietet der Tag den Menschen Anlass, Lagerfeuer zu entfachen, deren Schein dann überall im Land zu sehen ist. Viele jüdische Paare wählen diesen Tag als Datum ihrer Trauung.

Genau sieben Wochen nach dem ersten Omer-Tag wird «(Chag) Schavuot», «(Fest der) Wochen» gefeiert (Exodus 34,22; Deuteronomium 16,10). In Israel sowie in Reformgemeinden wird das Wochenfest nur am 6. Siwan (Mai/Juni) begangen, doch verlangt die orthodoxe Halacha, dass Diasporagemeinden den folgenden Tag ebenfalls als Festtag einhalten (s. Frage 60). Auch an den «Chagim» (Hauptfeiertagen) von Sukkot und Pessach gilt diese Regel. Zu einer Zeit, als der jüdische Kalender noch nicht nach mathematischen Berechnungen gestaltet wurde, sondern sich an der Beobachtung des Neumondes orientierte, sollte dies gewährleisten, dass die Feier zum korrekten Termin erfolgte. Die Tora beschreibt das Wochenfest mehrfach als ein Erntefest (vgl. Exodus 23,16; 34,22; Numeri 28,26): Bis zur Zerstörung 70 n. d. Z. pilgerten die Juden des Heiligen Landes zum Zentralheiligtum, um vor allem die neu eingebrachten Erstlinge darzubringen und so ihrem Schöpfer für den Segen des Ertrages zu danken.

Erst mit der rabbinischen Auslegung in Mischna und Talmud bezeichnet Schavuot den Tag, an dem Moses die Gesetzestafeln mit den Zehn Geboten empfing (bPessachim 68b). Das Gebetbuch greift dieses Offenbarungsgeschehen auf, wenn es das Wochenfest als «Sman Mattan Toratenu» (Zeit der Übergabe unserer Tora) charakterisiert. So steht Schavuot als Kontrapunkt in einem Zusammenhang mit Pessach, als dessen Abschluss (Atzeret – Festversammlung, Schlussfest) die mündliche Tradition es auch mitunter interpretiert. Israels besondere Erwählung, die sich bereits in der Befreiung aus Ägypten widerspiegelt, gipfelt in dem sinaitischen Bundesschluss, mit dem das Volk Verantwortung und Pflichten auf sich nimmt, auf diese Weise aber zugleich seine geistige Freiheit erlangt.

Schavuot prägt die häusliche religiöse Praxis weitaus weniger als etwa Pessach oder das Laubhüttenfest. Wohnungen und Bethäuser werden mit Blumen und Pflanzengrün dekoriert, die das einstige Erstlingsopfer ersetzen. Im Einklang mit der Halacha verzichtet man an diesem Tag auf den Genuss von Fleisch, um stattdessen vor allem Milchspeisen zu verzehren. Die Nacht des Wochenfestes verbringen viele fromme Gläubige mit gemeinsamem Lernen. Spezielle Anthologien mit Textauszügen aus der Hebräischen Bibel und der rabbinischen Literatur (Tikkun Lel Schavuot) helfen, das religiöse Schrifttum kursorisch in seiner ganzen Bandbreite zu studieren. Im Gottesdienst der Synagoge wird aus dem Buch Ruth vorgetragen. Zudem wird die «Akdamut», ein mittelalterliches liturgisches Gedicht in aramäischer Sprache, in die Toralesung aschkenasischer Gotteshäuser eingefügt. Der zugeordnete Bibelabschnitt (Exodus 19 f.) enthält auch den Dekalog, den der Vorbeter nach einer speziellen Melodie rezitiert. In et-

lichen progressiven und einigen konservativen Synagogen finden
während des Wochenfestes Konfirmationsfeiern statt, an denen die
weibliche und männliche Jugend ihr Bekenntnis zur jüdischen Religion bekräftigt.

62. Was geschah einst am Neunten des Monats Av? Der jüdi-
sche Kalender enthält insgesamt vier öffentliche Fastentage, an denen
Ereignisse aus der Geschichte Jerusalems im Mittelpunkt des Gedenkens stehen. Das Fasten Gedalja (Zom Gedalja), das am 3. Tischri,
also unmittelbar im Anschluss an das Neujahrsfest stattfindet, erinnert an die Ermordung des Gedalja ben Achikam, den die Babylonier
nach der Eroberung Jerusalems als Statthalter über Judäa eingesetzt
hatten. Der 10. Tevet (Dezember/Januar) gilt als der Tag, an dem König Nebukadnezar 589 v. d. Z. mit der Belagerung der Stadt begann.
Am 17. Tammus (Juni/Juli), berichtet die jüdische Überlieferung, sei
es sowohl den Babyloniern als auch den Römern gelungen, eine Bre-
sche in die Stadtmauer von Jerusalem zu schlagen. Mit diesem Tag
setzt eine dreiwöchige Trauerzeit ein, die am 9. Av (Tischa Beav; Juli/
August) endet – das Datum, an dem nach traditioneller Lesart sowohl
der Erste als auch der Zweite Tempel der Zerstörung anheim fiel
(587/86 v. d. Z. bzw. 70 n. d. Z.). Zudem bringt die Mischna das Datum mit weiteren Katastrophen in Verbindung, von denen Israel in
seiner Geschichte heimgesucht wurde.

Das anlassbezogene Ritual unterstreicht die herausgehobene Bedeutung des 9. Av, der nicht zuletzt den Verlust der Souveränität und
den Beginn des Exils versinnbildlicht. An ihm gelten nicht nur ähnlich strenge Fastenregeln wie am Jom Kippur (*s. Frage 56*), sondern es
sind auch eine Reihe von Trauerbräuchen zu beachten. Teile des Gottesdienstes in orthodoxen Gotteshäusern verbringen die Gläubigen
auf Schemeln oder auf dem Fußboden. Dekorative Elemente wie der
Toravorhang oder die Decke vom Toralesepult werden aus vielen Synagogen entfernt, die durch spärliche Kerzenbeleuchtung ins Halb-
dunkel getaucht sind. Am Vorabend trägt der Vorbeter die zu den
fünf Festrollen (chamesch Megillot) gehörenden Klagelieder (Echa)
vor, die der Prophet Jeremias anlässlich der Verheerungen in der Heiligen Stadt geschrieben haben soll. Liturgische Klagedichtungen, die
«Kinot», wurden speziell für den 9. Av verfasst und sind während des
Abend- und Morgengottesdienstes zu hören. Am 9. Av beschränkt
sich das Studium der Tora auf solche Schriften, die sich auf die Zer-

störung des Zentralheiligtums beziehen oder sich mit den Trauervorschriften befassen. In Jerusalem begeben sich viele Gläubige zur Kla-
gemauer, um dort ihre Gebete zu verrichten. Unter säkularen Juden
finden aber weder der 9. Av noch die drei anderen Fastentage große
Beachtung.

63. Wann feiert Israel seine Unabhängigkeit? Neben dem überlieferten jüdischen Festkalender begeht das Land Israel einige Ge-
denk- und Feiertage, die an Geschehnisse der jüdischen oder israelischen Zeitgeschichte anknüpfen. Synagogengemeinden außerhalb
des jüdischen Staates schließen sich zum Teil diesen neuen Traditionen an, in denen auch Elemente eines religiösen Zeremoniells Platz
finden.

Seit 1951 gibt es den «Jom Haschoa» (Holocaust-Gedenktag), zu
dem das israelische Parlament eine Reihe von Gesetzen erlassen hat.
Jedes Jahr am 27. Nissan (April/Mai) finden zentrale Gedenkver-
anstaltungen im Holocaust-Dokumentationszentrum Yad Vashem
in Jerusalem statt. Überall im Land wehen die Flaggen auf Halbmast,
während zahlreiche öffentliche Einrichtungen und alle Vergnü-
gungslokale geschlossen bleiben. Am Morgen um 10 Uhr hält die
Bevölkerung für zwei Minuten schweigend bei sämtlichen Tätigkeiten inne, während die Sirenen heulen. Jüdische Diasporagemeinden,
die das Gedenken an die Schoa übernommen haben, wählen häufig
den 19. April, den Tag des Warschauer Ghettoaufstands, um das Andenken der sechs Millionen ermordeten Juden zu ehren. Das israelische Oberrabbinat hat den 10. Tevet als den Tag bestimmt, an dem
Angehörige von NS-Opfern, deren Todesdatum nicht bekannt ist,
das Kaddisch (*s. Frage 47*) beten.

Am 4. Ijjar (April/Mai), dem «Jom Hasikkaron» (Tag des Gedenkens), erinnert sich Israel sowohl seiner seit 1948 bei Kampfhandlun-
gen getöteten Armeeangehörigen als auch der Bürger, die Opfer von
Terroranschlägen geworden sind. Zivile, religiöse und militärische
Zeremonien finden im ganzen Land statt, wo auch an diesem Tag die
Fahnen auf Halbmast wehen und Menschen im stillen Gedenken verharren, wenn am Vormittag die Sirenen ertönen. Der Kontrast zum
darauf folgenden Tag, der anlässlich der Staatsgründung am 5. Ijjar
5708 (14. Mai 1948) jährlich begangen wird, könnte kaum markanter
sein. Seit 1949 ist der Unabhängigkeitstag (Jom Haatzmaut) Israels
Nationalfeiertag, der mit einem offiziellen Staatsakt auf dem Herzl-

berg in Jerusalem eingeläutet wird. Viele Familien nutzen die Gelegenheit für Ausflüge in die Natur oder besuchen eine der zahlreichen öffentlichen Veranstaltungen. In vielen Synagogen werden spezielle Gebete verrichtet, doch findet der Versuch, den Tag als religiöses Fest zu etablieren, nicht bei allen Gläubigen Zustimmung.

64. In welchem Jahr der jüdischen Zeitrechnung befinden wir uns? Die Datierung der Feiertage orientiert sich am jüdischen (oder hebräischen) Kalender, der den Mond- und den Sonnenlauf gleichermaßen berücksichtigt. Grundsätzlich setzt sich das Jahr aus 12 Monaten zusammen, die angelehnt an die Mondphasen jeweils 29 oder 30 Tage dauern. Ein Monat beginnt an dem Tag, an dessen Vorabend die Mondsichel erstmals wieder sichtbar wird. Die aus dem Babylonischen entlehnten Monatsnamen lauten nach ihrer Reihenfolge: Tischri, Marcheschwan (Cheschwan), Kislew, Tevet, Schvat, Adar, Nissan, Ijjar, Siwan, Tammus, Av und Elul. Da ein regelmäßiges Mondjahr 354 Tage zählt, ist es immer wieder erforderlich, einen zweiten Adar (Adar scheni) als Schaltmonat einzuschieben, der die Unterschiede zum 365,25 Tage zählenden Sonnenjahr ausgleicht und sicherstellt, dass das Kalenderjahr parallel zum zyklischen Wechsel des Naturgeschehens verläuft.

Trafen ursprünglich rabbinische Gerichtshöfe die Entscheidung, welche Jahre 13 Monate umfassten, setzte sich später ein fester, nach mathematisch-astronomischen Regeln exakt berechneter Kalender durch: Er sieht siebenmal in 19 Jahren ein Schaltjahr vor.

Seit dem Mittelalter verwenden die Juden eine Zeitrechnung, die sich auf das – unter Verwendung der biblischen Zeitangaben ermittelte – Datum der Welterschaffung bezieht. Eine Umrechnung der üblichen Jahreszahlen des gregorianischen Kalenders auf den hebräischen Kalender erfordert lediglich, dass man die Zahl 3760 addiert. 2016 befinden wir uns also nach jüdischer Zählung im Jahr 5776. Sogar in Israel haben aber jüdische Datumsangaben ihre Bedeutung weitgehend eingebüßt, sofern sie sich nicht auf religiöse Zusammenhänge beziehen.

 **Lebenszyklus und Geschlecht**

**65. Ist die Beschneidung eine gesundheitliche Maß-
nahme?** Das älteste jüdische Ritual ist die Beschneidung des männlichen Glieds. Sie ist individueller Ausdruck der religiösen Zugehörigkeit, in erster Linie aber kollektives
Symbol der besonderen Gemeinschaft Israels mit Gott. Alle modernen Versuche, die Entfernung der Vorhaut als körperhygienische
Maßnahme zu rechtfertigen, sind demnach aus religiöser Sicht null
und nichtig. Orthodoxe Juden begreifen die Beschneidung vielmehr
als göttliche Satzung, deren Ursprung noch auf die Zeit des Patriarchen Abraham zurückgeht. Die Tora schildert, dass der Schöpfer
seine Verheißungen gegenüber dem Stammvater Israels – zahlreiche
Nachkommenschaft sowie Besitz des Landes Kanaan – an die Beschneidung knüpft, die er als ewiges Bundeszeichen einsetzt: «Das ist
mein Bund, den ihr bewahren sollt, zwischen mir und dir und deinem
Samen nach dir: Beschnitten werde bei euch jegliches Männliche.
Und ihr sollt beschnitten werden an eurem Gliede der Vorhaut, und
das sei zum Zeichen des Bundes zwischen mir und euch. [...] Und ein
vorhäutiger Mann, der sich nicht beschneiden lässt am Gliede seiner
Vorhaut, diese Seele werde ausgerottet aus ihrem Volke, meinen Bund
hat er gebrochen» (Genesis 17,10–14). Aus diesem Grund verwendet
die jüdische Tradition nicht nur den Begriff «Mila» (Beschneidung),
sondern spricht auch von «Brit Mila» (Bund der Beschneidung) oder
verkürzt «Brit» (bzw. «Briss» nach der Aussprache der aschkenasischen Juden).

Die Brit Mila, erster wichtiger Ritus im Lebenszyklus des jüdischen
Knaben, wird bereits am achten Tag nach der Geburt durchgeführt,
sofern nicht medizinische Argumente für einen Aufschub des Ter-
mins sprechen. Schabbat und Feiertage sind hingegen kein Grund,
das Ereignis zu vertagen. Die Beschneidung kann – vorzugsweise
während der Morgenstunden – zu Hause oder in der Synagoge stattfinden, doch spricht auch nichts gegen eine Beschneidungsfeier im
Krankenhaus. Wenn möglich, sollte ein Quorum von zehn Männern
anwesend sein, während die Zeremonie traditionell unter Ausschluss
der Mutter abläuft, um dieser den Anblick der Operation zu ersparen.
Symbolisch anwesend ist aber der Prophet Elias, für den ein besonderer Stuhl bereitgestellt wird. Als Beschneider – oder «Mohel», wie
es im Hebräischen heißt – fungiert eine männliche jüdische Person,

die in der Regel medizinische Kenntnisse nachweisen kann, aber vor allem aufgrund ihrer Frömmigkeit Vertrauen genießt.

Zwar ist die Zeremonie mit zahlreichen Ehrenfunktionen verknüpft, doch erfolgt der eigentliche Eingriff relativ schnell, um dem Neugeborenen Schmerzen zu ersparen. Der Pate des Kindes, der «Sandak», hält den Jungen auf seinem Schoß, während der Mohel mit einem Schnitt seines Beschneidungsmessers den oberen Teil der Vorhaut abtrennt. Danach legt er die Eichel frei und versorgt die Wunde. Auf die vorgeschriebenen Segenssprüche des Beschneiders und des Vaters antwortet die anwesende Gemeinde mit der hebräischen Sentenz: «So wie er [d. h. der beschnittene Säugling] in den Bund eingeführt wurde, möge er in die Tora, in die Ehe und in die Ausübung guter Werke eingeführt werden.» Während der Feier erhält der Knabe auch seinen hebräischen Namen, mit dem er vor allem bei religiösen Anlässen in und außerhalb der Synagoge angesprochen wird. Aschkenasische Juden benennen ihre Kinder häufig nach verstorbenen Verwandten, sefardische hingegen eher nach einem noch lebenden Familienmitglied. Im Anschluss an die Brit Mila und die Namensgebung veranstaltet die Familie des Knaben ein festliches Mahl, um nochmals den freudigen Anlass des Tages zu unterstreichen.

Dass die Mila wie kaum ein anderes religiöses Gebot in Ehren gehalten worden ist, veranschaulicht ein Blick auf die ältere und die jüngere Vergangenheit. In Zeiten religiöser Verfolgung haben jüdische Familien große Gefahren auf sich genommen, um ihren männlichen Nachwuchs beschneiden zu lassen. Auch der Versuch radikaler Religionsreformer während des 19. Jahrhunderts, die Mila als unzeitgemäßes Ritual zu diskreditieren und abzuschaffen, ist am Widerstand der Gemeinschaft gescheitert. Bis in die Gegenwart hat die Brit Mila ihren Bekenntnischarakter bewahren können. Sogar säkulare Juden sprechen sich für die Beschneidung aus, die in ihren Augen zwar keine religiöse Bedeutung mehr besitzt, aber weiterhin als äußerliches Zeichen männlich-jüdischer Identität dient.

66. Wie wird die Geburt einer Tochter gefeiert? Während die Brit Mila die Teilhabe des Knaben am Bund Israels mit Gott «besiegelt», schreibt das Judentum ein entsprechendes Ritual für den weiblichen Nachwuchs ursprünglich nicht vor. Auch ohne Initiation sind die Töchter Angehörige der Erwählungsgemeinschaft. Im Allgemeinen hat sich bei Mädchen der Brauch der öffentlichen Namensgebung durchgesetzt. Dieses Ritual findet wenige Tage nach der Entbindung in der Synagoge statt, wenn dem Vater die Ehrung einer Alija zuteil wird (s. *Frage 44*). Einen Aufruf zur Tora erhält der Vater auch nach der Geburt eines Sohnes, dessen Name freilich erst bei der Beschneidungsfeier verkündet wird. Weder die Anwesenheit der Mutter noch die des Kindes selbst ist bei diesen Anlässen erforderlich, doch schließt die Gemeinde beide in ihr Gebet ein. Nimmt die Wöchnerin erstmals wieder selbst am Gottesdienst teil, rezitiert sie einen Segensspruch, in dem sie ihren Dank ausspricht, dass sie die Entbindung wohlbehalten überstanden hat.

Unter dem Eindruck, dass die traditionelle Religionspraxis den neugeborenen Knaben größere Aufmerksamkeit widmet und sie insofern bevorzugt, hat sich in der jüngeren Vergangenheit der Wunsch verstärkt, auch den Eintritt der Mädchen in den Bund rituell zu würdigen. Solche feierlichen Handlungen, deren Gestaltung noch keine fixe Form angenommen hat, werden als «Brit Leda» (Bund der Geburt), «Brit Banot» (Bund der Töchter), «Brit Chajim» (Bund des Lebens) oder auch als «Simchat Bat» (Freude der/über die Tochter) tituliert. Der Wunsch, die Geschlechter so weit wie möglich gleichzustellen, hat auch das progressive Judentum zu Reformen und neuen Traditionen angeregt. Bei der Segnung des Neugeborenen in liberalen Synagogen treten sowohl der Vater als auch die Mutter an den Toraschrein, um ein Gebet für das Wohl des Kindes zu verrichten. Solche Zeremonien werden in erster Linie für Mädchen, häufig aber auch für Jungen durchgeführt.

67. Warum lösen Eltern ihren erstgeborenen Sohn aus?   Anknüpfend an die Geschichte vom Auszug der Israeliten aus Ägypten, kommt der männlichen Erstgeburt eine besondere kultische Bedeutung zu. Während männliche Rinder und Kleinvieh als Opfer dargebracht wurden, sollten die erstgeborenen Söhne ursprünglich dem Dienst im Heiligtum geweiht werden, für den Gott jedoch später die Angehörigen des Stammes Levi einsetzte: «Denn mir gehört jeder Erstgeborene unter den Kindern Israel von Mensch und Vieh, an dem Tage, da ich alle Erstgeburt im Lande Ägypten schlug, heiligte ich sie mir. Und ich nehme die Leviten für alle Erstgeburt unter den Kindern Israel» (Numeri 8,17 f.).

Jeder Vater steht deshalb in der Pflicht, seinen erstgeborenen Sohn bei einem Priester auszulösen, sobald jener 31 Tage alt ist (vgl. Numeri 18,15 f.). Keiner Auslösung bedarf es, wenn ein Elternteil selbst aus einer levitischen oder aronidischen Familie stammt. Die Zeremonie, «Pidjon Haben» (Auslösung des Sohnes) genannt, ist kurz und ohne jeglichen Pomp. Der Vater präsentiert dem Kohen zunächst seinen Sohn. Nach einer streng festgelegten Abfolge von wechselseitig gesprochenen Formeln und Segenssprüchen übergibt der Vater dem Priester ein symbolisches Lösegeld, das ursprünglich fünf Schekel betrug. Dann erhält er seinen Jungen zurück, den der Priester mit einem Segen entlässt. Ein religiöses Festmahl beschließt den Tag.

Anders als im Falle der Beschneidung verzichten sehr viele jüdische Eltern darauf, ihren Erstgeborenen auszulösen. Das progressive Judentum begründet seine Ablehnung unter anderem mit dem Argument, dass weder die Töchter noch die jüngeren Brüder benachteiligt werden dürfen. Überdies könne ein Kohen keinen besonderen Status beanspruchen. Das konservative Judentum in den USA wiederum diskutiert, ob die Auslösungszeremonie nicht auch erstgeborene Töchter betreffen könne. Eine Mehrheit der Rabbiner vertritt allerdings die Ansicht, das biblische Gebot des Pidjon lasse sich nur auf die männlichen Nachkommen beziehen. Es verdiene aber Unterstützung, wenn der besondere Status eines Mädchens als erstes Kind einer Familie anlässlich der Simchat Bat-Feier (s. *Frage 66*) hervorgehoben werde.

68. Werden Bar-Mizwa-Feiern auch für Mädchen veranstaltet?

Der Vater steht in der Pflicht, seinen minderjährigen Sohn zur Einhaltung der religiösen Gebote anzuleiten. Die Vorstellung, dass ein jüdischer Junge mit Vollendung seines 13. Lebensjahres, also während der Pubertät, den Status eines Erwachsenen erlangt und uneingeschränkt «schuldfähig» wird, ist rabbinischen Ursprungs. In den Sprüchen der Väter erfolgt der lapidar formulierte Hinweis: «Mit dreizehn (gelangt er) zu den Geboten» (Avot 5,21). Der Begriff «Bar Mizwa» (Sohn des Gebots), der seit dem späten Mittelalter im Umlauf ist, bezeichnet sowohl den mündig gewordenen Jungen selbst als auch seine Initiationsfeier. Üblicherweise besucht der Bar Mizwa am Schabbatmorgen nach seinem 13. Geburtstag die Synagoge, wo er erstmals nicht nur die Gebetsriemen anlegen darf und dem Quorum der männlichen Beter angehört, sondern auch zur Tora aufgerufen wird. Am Lesepult spricht er die üblichen Benediktionen, um dann entweder einen Teil des Wochenabschnitts selbst vorzutragen oder aber sich neben dem Vorbeter zu platzieren, während dieser den Text rezitiert. Häufig passiert es auch, dass der Bar Mizwa Passagen aus den Prophetenbüchern vorliest. Auch der Vater des Knaben spricht einen Lobspruch, in dem er Gott dafür dankt, seiner bisherigen Verantwortung für seinen Sohn enthoben zu sein. Auf den Gottesdienst folgt dann ein Festmahl, das die Eltern ausrichten. Vor den geladenen Gästen hält der Bar Mizwa einen religiösen Vortrag (Drascha), den er zu diesem Anlass eingeübt hat. Der Junge hat Gelegenheit, seine Vertrautheit mit der klassischen jüdischen Literatur unter Beweis zu stellen, zugleich aber kann er seinen Eltern und Lehrern Dank abstatten. Vielerorts und vor allem in nichtorthodoxen Gemeinden ist es aber inzwischen üblich, dass der Knabe im Gotteshaus vor den Toraschrein tritt, wo er ein spezielles Gebet verrichtet. Viele Synagogen haben überdies die Zeremonie durch andere, neue Elemente ergänzt, ohne freilich den ursprünglichen Ablauf radikal infrage zu stellen.

Bereits ein Jahr vor den Jungen, nämlich im Alter von zwölf Jahren (und einem Tag), gelten die generell reiferen Mädchen als religiös volljährig. Das traditionelle Judentum verzichtete jedoch auf ein spezielles Ritual, um die Zugehörigkeit der Töchter als vollwertige Mitglieder der Glaubensgemeinschaft zu würdigen – war doch Frauen ohnehin keine aktive Rolle im jüdischen Kultus zugedacht. Mit der Einführung von «Bat Mizwa»-Feiern (Tochter des Gebots) hat sich in den vergangenen Jahrzehnten ein bemerkenswerter Wandel in weiten Teilen des Judentums vollzogen. Sogar manche Chassidim sowie ultraorthodoxe Juden tolerieren oder befürworten eine besondere Zeremonie für Mädchen, solange diese nicht gegen das Religionsgesetz verstößt. Die gesetzestreuen Strömungen verwahren sich aber vehement gegen die Praxis konservativer und liberaler Gemeinden, in denen Mädchen und Jungen gleichermaßen an den gottesdienstlichen Handlungen teilnehmen. Auch die aus dem 19. Jahrhundert stammende Reformtradition, Konfirmationen als zusätzlichen Übergangsritus für die weibliche und männliche Jugend durchzuführen, findet unter orthodoxen Juden kaum Unterstützung.

69. Haben Frauen und Männer gleiche Rechte? Tanach und Talmud ist die Vorstellung einer gleichberechtigten Stellung der Geschlechter fremd. Zwar weiß die Bibel von herausragenden Frauengestalten zu berichten (von den Stammmüttern bis hin zur Königin Esther), die konkreten Einfluss auf den Verlauf der Erwählungs- und

Errettungsgeschichte Israels genommen haben, doch standen die Frauen insgesamt unter rechtlicher Kontrolle der Männer, die als Väter bzw. Ehegatten eine familiäre Form der Herrschaft ausübten. Angelehnt an das Ideal der «tüchtigen Hausfrau» (Eschet Chajil; vgl. Sprüche 31,10–31) wies auch das rabbinische Recht Männern und Frauen getrennte Sphären zu. Das weibliche Geschlecht betätigte sich demnach vor allem im Bereich des Hauses; religiöses Studium, Gottesdienst und öffentliches Wirken hingegen galten gemeinhin als Bereich der Männer.

Im Zuge der Frauenemanzipation haben sich nichtorthodoxe Gruppierungen zunehmend von einem patriarchalen Gesellschaftsbild abgewandt. Konservative und progressive Jüdinnen und Juden sprechen sich deshalb nicht nur für die soziale Gleichstellung der Frauen aus, sondern beziehen das Prinzip der Gleichberechtigung auch auf die Ausübung des Glaubens (*s. z. B. Fragen 41, 44, 47, 67, 68*), ohne dass sie allerdings die Unterschiede zwischen den Geschlechtern in Abrede stellen. Die religiöse Stellung der Frauen im orthodoxen Judentum ist deshalb zunehmend in die Kritik geraten. Als Diskriminierung wird unter anderem der im Morgengottesdienst gesprochene Lobspruch verstanden, in dem der Mann Gott dafür dankt, ihn «nicht als Weib erschaffen» zu haben. Gesetzestreue Gelehrte wollen diesen Segen jedoch nicht als Geringschätzung der Frau verstanden wissen, sondern lediglich als Ausdruck der Freude darüber, dass die männlichen Gläubigen eine größere Zahl von religiösen Pflichten erfüllen.

70. Kann eine Frau Rabbinerin werden? Bis in die Neuzeit hatten jüdische Frauen keinen aktiven Anteil an der Gestaltung des gemeinschaftlichen Kultus. Gottesdienste konnten durchaus ohne die weiblichen Gemeindemitglieder stattfinden, die weder zum Quorum der Betenden gezählt wurden noch gemeinsam mit den Männern saßen (*s. Frage 51*). Als «Priesterinnen des Hauses», als Gattinnen und Mütter trugen die Frauen seit dem 19. Jahrhundert eher Verantwortung für die religiöse Durchdringung des Alltags: die Einhaltung der Speisegebote, die Sittlichkeit des Familienlebens und die frühe Unterweisung der Kinder. Da sich das klassische Rollenbild auch in der jüdischen Auslegungsliteratur zeigte, war es in der traditionellen Gesellschaft undenkbar, dass Frauen zur Tora aufgerufen wurden oder andere zentrale gottesdienstliche Handlungen vollzogen, geschweige denn als Vorbeterinnen oder als Rabbinerinnen vor die Gläubigen traten.

Während des 20. Jahrhunderts haben die Bemühungen jüdischer Frauen um gleichberechtigte Teilhabe am Gemeindeleben zunehmend Früchte getragen. Eine Pionierin war die Berliner Jüdin Regina Jonas (1944 ermordet in Auschwitz), die 1935 als weltweit erste Frau zur Rabbinerin ordiniert wurde. Eine Streitschrift, die sie fünf Jahre zuvor vorgelegt hatte, als sie an der liberalen Hochschule für die Wissenschaft des Judentums in Berlin eingeschrieben war, trägt den programmatischen Titel *Kann die Frau das rabbinische Amt bekleiden?* Eine vorbehaltlos positive Antwort auf diese Frage hat jedoch erst die amerikanische Reformbewegung erteilt, als 1972 das Hebrew Union College in Cincinnati die erste Absolventin zur Rabbinerin ernannte. Seit 1985 können Frauen auch am konservativen Jewish Theological Seminary in New York ein Rabbinatsdiplom erwerben. Seither sind weltweit mehrere hundert Rabbinerinnen ausgebildet worden, die in europäischen und amerikanischen Synagogengemeinden Anstellung gefunden haben. Auch in Deutschland sind inzwischen Rabbinerinnen tätig. In den Strömungen des gesetzestreuen Judentums sind weibliche Rabbiner aber bislang kaum ein Thema.

71. Welche religiösen Satzungen gelten (nur) für Frauen? Die schriftliche Tora trifft bei der Einhaltung der sinaitischen Bestimmungen noch keine systematische Unterscheidung zwischen Männern und Frauen, sondern bezieht das Gesetz – trotz des maskulinen Genus der grammatischen Formen im hebräischen Text – grundsätzlich auf beide Geschlechter. Eine Ausnahme bilden natürlich solche Anweisungen, bei denen die biologischen Unterschiede zum Tragen kommen – also etwa bei der Beschneidung der Vorhaut oder beim Scheren des Bartes. Erst die Rabbinen des klassischen Judentums bemühen sich um eine Klassifizierung. Dazu die Mischna: «Und zur Einhaltung jedes Gebotes, das sich auf eine bestimmte Zeit bezieht, sind Männer verpflichtet, aber Frauen befreit. Und zur Einhaltung jedes Gebots, das sich auf keine bestimmte Zeit bezieht, sind sowohl Männer als auch Frauen verpflichtet. Zur Einhaltung aller Verbote, ganz gleich, ob sie sich auf eine bestimmte Zeit beziehen oder nicht, sind sowohl Männer als auch Frauen verpflichtet» (Kidduschin 1,7). Demnach gelten die allermeisten Gesetze für Jüdinnen und Juden gleichermaßen. Zu den Bestimmungen, die nur Männer betreffen, zählen solche, die mit dem Studium der heiligen Schriften sowie dem Ritus der Synagoge zusammenhängen. Die Frauen hingegen stellt das Religionsgesetz von (fast allen) zeitgebundenen Geboten frei, damit sich diese unbehindert ihren häuslichen Aufgaben widmen können.

In der Frage, ob eine Befreiung des weiblichen Geschlechts von bestimmten Geboten auch in ein Verbot mündet, sie zu befolgen, gehen die Meinungen auseinander. Der in der halachischen Literatur vielfach geäußerten Meinung, eine Frau könne durchaus auch jene Gebote einhalten, zu denen sie nicht verpflichtet ist, widersprechen heute viele orthodoxe Gelehrte, weil sie die weitreichenden Konsequenzen für die religiöse Praxis ablehnen. Vor allem der egalitäre Anspruch emanzipierter jüdischer Frauen, zur Tora aufgerufen zu werden, Tefillin und Tallit anzulegen (s. *Fragen 37, 41*) oder das Kaddisch-Gebet für ihre verstorbenen Eltern zu sprechen, stellt die überlieferte Rollenverteilung im Gottesdienst radikal infrage.

Drei positive, an eine feste Zeit geknüpfte Gebote listet die Halacha auf (Mischna Schabbat 2,6), die sie ausdrücklich den Frauen zuweist: 1. Der Begriff «Nidda» (Abgesonderte) bezeichnet zunächst die menstruierende Frau, zugleich aber auch die mit dem Monatszyklus verbundenen Religionsvorschriften. Die Gesetze der Nidda regeln die sexuellen Kontakte in der Ehe und schreiben vor, dass eine Frau am Ende ihrer rituellen Unreinheit eine Mikwe (s. *Frage 72*) besucht und dort untertaucht. 2. Zur Zeit des Tempels war die «Teighebe» (Challa) eine Opfergabe (vgl. Numeri 15,17–21), die der Priesterschaft zur Verfügung stand. Die Hausfrau ist verpflichtet, mit einem Segensspruch einen kleinen Teil des Teigs für das Schabbatbrot vor dem Backen abzusondern und zu verbrennen. 3. Auch die Pflicht, vor Beginn des Schabbat und der Feiertage die Kerzen anzuzünden (Hadlakat Haner; s. *Frage 53*), erfüllt die Frau in der privaten Sphäre von Haus und Familienleben.

72. Ist die Mikwe eine Frauenbadeanstalt?   Die biblischen Termini «Tahara» und «Tuma» (d. h. Reinheit und Unreinheit) beziehen sich nicht auf die Hygiene oder Sauberkeit von Menschen und Dingen, sondern wurden ursprünglich vor allem im Zusammenhang mit dem Tempelkult benutzt. Als rituell verunreinigt galten Personen durch den Kontakt mit einer Leiche, durch Geschlechtskrankheiten oder bei Ausfluss von Regelblut oder Sperma (vgl. Leviticus Kap. 15).

Wer «tame», also unrein geworden war, durfte weder den Tempel-bezirk betreten noch an Opferzeremonien teilhaben, bis er/sie sich den vorgeschriebenen Reinigungsritualen unterzogen hatte. Nach der Zerstörung des Tempels kamen zwar die meisten Reinheitsgebote außer Gebrauch, eine wichtige Rolle spielt das Reinheitskonzept aber noch im Familienleben orthodoxer Juden.

Nach traditioneller Auffassung benötigt jede jüdische Religionsge-meinde ein Ritualbad, in dem die Gläubigen ihre kultischen Reini-gungen vornehmen können. Eine Mikwe – nach dem hebräischen Wort *mikwa* für Wasseransammlung – ist ein Tauchbecken, dessen Wasser nicht geschöpft sein darf, sondern wenigstens teilweise einer Quelle entstammt oder sich aus Regenfällen speist. Bei den Mikwen, die während des Mittelalters in Deutschland errichtet wurden, han-delt es sich zum Teil um monumentale Bauten mit tief in das Erd-reich eingeschnittenen Badeschächten, in denen die Benutzerinnen und Benutzer mittels einer Wendeltreppe zum Grundwasser gelang-ten. Später bevorzugten die Gemeinden meist schlichter konstruierte Kellermikwen. Moderne Tauchbäder erinnern mit ihren gekachelten Wänden, den gefliesten Böden und dem sauberen, geheizten Wasser an moderne Badeanstalten, ihre Konstruktion entspricht aber eben-falls den komplizierten rabbinischen Vorschriften (vgl. das Mischna-traktat «Mikwaot»).

Häufig wird die Mikwe als Frauenbad bezeichnet. Da die Halacha während der weiblichen Periode jegliche Berührung zwischen den Ehepartnern verbietet, besucht die observante Jüdin nach ihrer Mens-truation sowie einer Karenzzeit von «sieben reinen Tagen» das Ritu-albad. Hier entkleidet sie sich, taucht mehrfach komplett unter und sagt einen Segensspruch. Danach gilt sie als rein, und das Ehepaar muss nicht länger auf sexuelle Kontakte verzichten. Aber auch in anderen Kontexten erfüllt die Mikwe eine religiöse Funktion. Hier wird neues Geschirr vor dem ersten Gebrauch untergetaucht. Ferner begleitet ein Besuch des Ritualbades zahlreiche Übergangsriten, für Konvertiten ebenso wie für die Braut vor der Hochzeit. In manchen religiösen Gruppierungen vollziehen die Männer regelmäßig am Freitagnachmittag sowie vor Feiertagen die Reinigungsrituale.

Heute hat die Mikwe in den meisten jüdischen Familien außerhalb der Orthodoxie nur mehr geringe Bedeutung. Das progressive Juden-tum wendet sich gegen die Vorstellung, die Frau sei während der Menstruation unrein, wenngleich die Tradition keine Abwertung des weiblichen Geschlechts beabsichtigt. Zugleich erlebt die Mikwe vor allem in Amerika eine Renaissance, indem liberale und konservative Gemeinden sich zur Einrichtung von Ritualbädern entschließen. Auf der Suche nach genuin weiblichen Ritualen und Bräuchen gelangen auch immer mehr jüdische Feministinnen zu einer positiven Einschätzung der kultischen Reinigungszeremonien.

73. Ist die Ehe eine Pflicht?

Grundlage der Familie ist die dauerhafte Lebensgemeinschaft von Mann und Frau, von der schon die biblische Urgeschichte als konkrete Selbstverständlichkeit menschlicher Existenz zu berichten weiß. Das Judentum sieht die Ehe auch als soziale, wirtschaftliche und geschlechtliche Partnerschaft, doch gilt sie insbesondere als sittliche Verbindung und religiöses Institut – ausdrücklich im Einklang mit der gottgewollten Lebensordnung, in der sich die Verpflichtung zur Ehelosigkeit folglich nicht auf fromme Motive berufen kann: «Und es sprach der Ewige, Gott: Es ist nicht gut, dass der Mensch allein sei» (Genesis 2,18). Wie der Mensch seine Ebenbildlichkeit mit Gott nur als Paar verwirklicht, kann er auch dem Auftrag der Fruchtbarkeit nur zu zweit nachkommen (vgl. Genesis 1,27 f., 2,24). Über die rechtlichen Rahmenbedingungen der Ehe liefert die Tora allerdings nur sporadische Hinweise. Systematische Aufmerksamkeit erhält das Zusammenleben der Geschlechter erst in der Mischna, die ihm große Teile der Hauptabteilung «Naschim» (Frauen) widmet. Auch im Talmud und in den späteren Kodizes nimmt das Regelwerk zur Ehe weiten Raum ein.

Nach der Halacha des normativen Judentums geht das Eheleben mit einer Reihe von Rechten und Pflichten einher, die auf einer patriarchalen Ordnung fußen. Während der Mann seine Gattin ernähren und kleiden muss, für ihre Wohnung zu sorgen hat sowie sich um ihre Gesundheit und ihr Wohlergehen kümmert (vgl. Exodus 21,10), übernimmt die Ehefrau Verantwortung vor allem im häuslichen Bereich. Ein Anrecht auf sexuelle Befriedigung erwerben beide Eheleute gleichermaßen. Allerdings betrifft das strenge Verbot der Untreue vor allem die Frau, während außerehelicher Geschlechtsverkehr des Gatten zwar moralisch als Unzucht verurteilt wird, jedoch keinen Straftatbestand darstellt, solange der Mann keine Beziehungen zu einer verheirateten Frau unterhält.

Obwohl emotionale Zuwendung und gegenseitige Achtung in der Ehe durchaus ihren Platz haben, galten sie nach überkommener jüdischer Vorstellung eher als Resultat denn als Voraussetzung der Heirat. In der traditionell geprägten Gesellschaft waren die frühe Eheschließung und arrangierte Verbindungen weit verbreitet. Über die Partnerwahl entschieden die Eltern, die ihre Kinder freilich nicht ohne deren Zustimmung verheiraten konnten. In der Gegenwart lebt dieser Brauch vorwiegend in der strengen Orthodoxie fort, die vielfach die Dienste von Heiratsvermittlern in Anspruch nimmt. Angesichts der Wandlungen im jüdischen Familienleben und der modernen Vielfalt der Paarbeziehungen ist es mittlerweile kaum noch möglich, die jüdische Ehe einheitlich zu definieren. Selbstbestimmung und Gleichberechtigung prägen die Partnerschaften von Jüdinnen und Juden, doch genießt die Ehe auch in den konservativen und den progressiven Strömungen noch immer höchste Wertschätzung, auch als Rahmen, in dem die jüdische Glaubenspraxis an die folgenden Generationen weitergereicht wird.

74. Warum händigt der Mann seiner Braut einen Ehevertrag aus? Wer ein Buch zur jüdischen Kunst zur Hand nimmt oder ein jüdisches Museum besucht, wird dort mit hoher Wahrscheinlichkeit auch eine «Ketubba» (von *k-t-v* – schreiben) zu Gesicht bekommen. Seit dem Mittelalter und bis weit ins 19. Jahrhundert wurden solche Eheurkunden als prächtig verzierte und illustrierte Pergamente angefertigt, die frühesten erhaltenen Exemplare stammen noch aus der Antike. Bereits die Gelehrten des Talmud waren sich aber uneins, ob die Ketubba auf rabbinische oder sogar auf biblische Ursprünge zurückzuführen sei.

Der klassische, in aramäischer Sprache abgefasste Text der Ketubba ist stark formalisiert und variiert im Wesentlichen bei den Angaben zu den Brautleuten sowie zu Zeit und Ort der Eheschließung. Versehen mit den Unterschriften von zwei männlichen Zeugen und des Bräutigams, wird das Schriftstück während der Hochzeitszeremonie verlesen und der Braut überreicht. Die geläufige Übersetzung als «Heiratsvertrag» klingt zumindest missverständlich, da die Urkunde ursprünglich nur eine einseitige Verpflichtungserklärung des Bräutigams enthält. Geht es zum einen um die Versorgung während der Ehe, regelt die Ketubba außerdem die finanziellen Ansprüche der Gattin im Falle einer Scheidung oder wenn der Mann stirbt. Neben einer traditionell festgesetzten Mindestsumme und einem vom Mann bestimmten Zusatzbetrag steht der Frau ihre in die Ehe eingebrachte Aussteuer zu. Ein Anrecht hat sie zudem auf Aushändigung der Mitgift (Nedunja), die bis zur Scheidung der Verwaltung des Gatten unterliegt. Die Auszahlung gemäß der Ketubba bedeutete mithin eine empfindliche Belastung des Ehemannes, die diesen nicht zuletzt von einer leichtfertigen Auflösung der Ehe abhalten konnte. Seit sich freilich im Mittelalter die Vorschrift durchsetzte, dass ein Mann die Scheidung nicht gegen den Willen seiner Partnerin durchsetzen kann, hat die Ketubba zumindest im aschkenasischen Kulturbereich ihre praktische Funktion und Bedeutung eingebüßt.

Die verschiedenen Strömungen des neuzeitlichen Judentums messen der Eheurkunde ganz unterschiedliche Bedeutung zu. Gesetzestreue Juden halten ebenso vorbehaltlos an dem Brauch als auch an den überlieferten Textvorlagen fest. Ihrer Auslegung zufolge ist und bleibt die Ketubba conditio sine qua non der jüdischen Trauung. Das konservative Judentum spricht sich prinzipiell ebenfalls für die Urkunde aus, allerdings mit einer seit den 1950er Jahren gebräuchlichen wichtigen Ergänzungsklausel, die verhindern soll, dass Ehepartner nach erfolgter Zivilscheidung eine religiöse Auflösung der Ehe verweigern (*s. Frage 76*). Noch größere Freiheiten erlaubt sich das liberale Judentum, das die Ketubba vorzugsweise in hebräischer Sprache formuliert und gleichberechtigt auf beide Partner bezieht. Anstelle von finanziellen Vereinbarungen verweist der Text auf die Verantwortung der Brautleute, sich gegenseitig zu lieben, zu achten und Unterstützung zu gewähren.

75. Werden bei der Trauung Ringe ausgetauscht? Jüdische Hochzeiten sind Freudenfeste, deren Ablauf sich nicht nur an religiösen Satzungen und frommen Bräuchen orientiert, sondern bei denen sich auch regionale Einflüsse des Volksglaubens geltend machen. Auffällige Besonderheit der jüdischen Praxis ist zunächst, dass die Eheschließung noch zur Zeit des Talmud zwei deutlich getrennte Ereignisse umfasste. Das Verlöbnis, die «Erusin» oder «Kidduschin», konnte bereits soweit rechtliche Gültigkeit beanspruchen, dass eine Auflösung des Bundes die Scheidung oder den Tod eines Partners voraussetzte. Bedingung für das Zusammenleben eines Paares blieb aber die eigentliche Heirat (Nissuin), die zu einem späteren Zeitpunkt stattfinden konnte. Seit dem Mittelalter verfestigte sich dann fast überall der Usus, beide Zeremonien in einer gemeinsamen Feier zusammenzufassen.

Die Planung und Durchführung der Trauung liegt bei den beteiligten Familien, die jedoch den normativen Vorgaben des Religionsgesetzes Rechnung tragen müssen. So ist es unüblich, Hochzeiten während der 49-tägigen Periode zwischen Pessach und Schavuot (s. Frage 61), in den drei Wochen vor dem Trauertag 9. Av (s. Frage 62) sowie zwischen dem Neujahrsfest und dem Versöhnungstag stattfinden zu lassen. Feiertage sowie die Halbfeiertage von Pessach und Wochenfest kommen als Termin auch nicht in Frage. Die Wahl des Hochzeitsdatums hängt ferner vom Menstruationszyklus der Braut ab, die im Zustand der rituellen Reinheit in die Ehe gehen soll und noch am Tag der Trauung die Mikwe aufsucht. Orthodoxe Juden aus dem aschkenasischen Kulturbereich bevorzugen häufig den Dienstag, da es in der Schöpfungsgeschichte von diesem Tag zweimal heißt: «[...] und Gott sah, dass es gut war» (Genesis 1,10 u. 12). Aber auch an allen übrigen Wochentagen kann die Vermählung stattfinden – mit Ausnahme des Schabbat, der als Ruhetag nicht infrage kommt.

Um sich auf den Eintritt in einen neuen Lebensabschnitt einzustimmen, fasten viele Brautleute am Tag ihrer Eheschließung. Fromme Sitte ist es auch, dass das Paar kleine Geschenke austauscht: Während sie üblicherweise ein Gebetbuch erhält, bekommt er einen Tallit, den er auch während der Trauung tragen kann. Dass die Frau zu ihrer Hochzeit in Weiß erscheint, geht auf keine Kleidervorschrift zurück, hat aber ebenfalls eine lange Tradition. Zudem ist es allgemein üblich, dass die Braut ihr Gesicht mit einem Schleier bedeckt. Auf die Frage, wo die Trauung stattfinden soll, gibt es keine einheitliche Antwort. Obwohl zahlreiche halachische Autoritäten Argumente dagegen anführen, bevorzugen Sefarden und orientalische Juden Trauungen in der Synagoge. Das aschkenasische Judentum hingegen spricht sich für abendliche Feierlichkeiten im Freien aus, weil der Anblick des Firmaments an Gottes Versprechen gegenüber Abraham erinnere, diesen zu segnen und dessen Nachkommen zu vermehren «wie die Sterne des Himmels» (Genesis 22,17).

Die wichtigsten Handlungen der Hochzeitszeremonie finden unter der «Chuppa» statt. Dieser von vier Stäben gehaltene Baldachin versinnbildlicht das neue Heim, das die Brautleute gründen werden. Zunächst umkreist die Braut den Bräutigam siebenmal, um sich dann rechts neben diesen zu platzieren. Meist wird die Leitung der Trauung einem Rabbiner übertragen. Nachdem er zwei Segenssprüche rezitiert hat, trinkt das Paar gemeinsam aus einem Becher Wein. Der erste Teil der Feier endet damit, dass der Mann der Frau einen schlichten goldenen Ring über den Zeigefinger der rechten Hand streift. Dabei spricht er die hebräische Trauformel: «Siehe, du bist mir angeheiligt durch diesen Ring, nach dem Gesetz Moses und Israels.» Durch diesen symbolischen Akt «erwirbt» der Bräutigam seine Frau, die jedoch durch die stumme Annahme des Ringes ihr Einverständnis mit der Heirat ausdrückt.

Das Verlesen der Ketubba (s. *Frage 74*) markiert die Trennlinie zwischen den beiden Teilen der Zeremonie. Nun folgen die Nissuin, um die Eheschließung zu vervollständigen. Hierzu spricht der Rabbiner weitere sieben Benediktionen, darunter eine Bracha über die Frucht des Rebstocks, Lobpreisungen Gottes als Schöpfer und Erlöser sowie Segnungen für das Glück des Paares. Erneut trinken Braut und Bräutigam einen Schluck Wein. Dass der Ehemann unter seinem rechten Fuß ein Glas zerbricht, geht vermutlich auf abergläubische Vorstellungen zurück, hat aber bereits die Gelehrten des Talmud zu unterschiedlichen religiösen Deutungen inspiriert. Am Ende zieht sich das Paar für kurze Zeit in einen separaten Bereich zurück (Jichud), wo es nach dem Fasten einen leichten Imbiss zu sich nimmt. Diese ungestörte Zweisamkeit symbolisiert zugleich die eheliche Vereinigung der Neuvermählten.

Dass der traditionelle Hochzeitsritus der Braut eine weitgehend passive Rolle zuweist, hat in den nichtorthodoxen Strömungen des religiösen Judentums zunehmend Unmut ausgelöst, je mehr sich der Gedanke der Gleichberechtigung der Geschlechter Geltung verschaffte. Sowohl das konservative als auch das progressive Judentum haben deshalb den Ablauf der Trauung verändert, um der Frau eine aktive Rolle im Ritual zu geben. Wichtigste Neuerung ist die doppelte Ringzeremonie, bei der auch die Braut das Wort an den Bräutigam richtet und diesem einen Ring an den Finger steckt. Einige rabbinische Autoritäten des gesetzestreuen Judentums zweifeln allerdings in Anbetracht solcher Innovationen, ob die Eheschließung noch religionsrechtliche Gültigkeit beanspruchen kann.

76. Können Juden sich scheiden lassen? Da die Ehe als dauerhafte Lebensgemeinschaft geschlossen wird, endet sie im Regelfall erst mit dem Tod eines der Partner. Alle Strömungen des Judentums setzen sich betont kritisch mit der Scheidung auseinander, die aber dennoch akzeptierte Praxis ist – insbesondere dann, wenn zuvor alle Versuche fehlgeschlagen sind, eine Versöhnung des Paares zu vermitteln. Die Bibel handelt die Beendigung des Eheverhältnisses nur kurz ab und schildert sie als einen einseitigen Vorgang, bei dem die Initiative zwingend vom Mann ausgeht: «Wenn ein Mann ein Weib nimmt und ehelicht sie, so soll geschehen, wenn sie keine Gunst in seinen Augen findet, weil er an ihr etwas Schändliches gefunden, so soll er ihr einen Scheidebrief schreiben, und in ihre Hand geben, und sie aus seinem Haus entlassen» (Deuteronomium 24,1). Die Gelehrten der Mischna und des Talmud (Traktat «Gittin») erörterten dann in aller Ausführlichkeit die Voraussetzungen und Maßgaben der Prozedur, auch die Bedingungen, unter denen eine Frau die Scheidung verlangen kann. Während der nachfolgenden Jahrhunderte wurden weitere Ergänzungen zugunsten des weiblichen Geschlechts vorgenommen. So hat sich seit dem Mittelalter vor allem die Regelung durchgesetzt, dass der Gatte die Verbindung nicht einseitig beenden kann, sondern generell auch die Ehefrau ihr Einverständnis zur Scheidung erklären muss.

Die Auflösung einer Ehe vor einer zivilen Instanz wirkt sich aus jüdischer Sicht nicht auf den Personenstand der Partner aus. Sie kann deshalb einer religiösen Scheidung zwar vorausgehen, sie jedoch in keinem Fall ersetzen, falls einer der Beteiligten eine Wiederverheiratung «entsprechend dem Gesetz von Moses und Israel» plant. Der Ablauf des jüdischen Scheidungsrituals ist bis ins Detail normiert. Die Ehepartner erscheinen vor einem rabbinischen Richterkollegium (Bet Din), das die Auflösung der Ehe nicht verhandelt und beschließt, sondern lediglich als offizielle Aufsichtsinstanz fungiert und den ordnungsgemäßen Ablauf dokumentiert. Der Mann übergibt seiner Frau den «Get», einen handgeschriebenen, meist in aramäischer Sprache verfassten Scheidebrief, der vor allem die Namen der Eheleute, das Datum und den Ausstellungsort benennt, über die Trennungsgründe jedoch Schweigen bewahrt. In Ausnahmefällen kann die Übergabe auch durch einen Boten erfolgen. Der Get, mit einem symbolischen Riss versehen, verbleibt in jedem Fall beim Rabbinatsgericht, das den Geschiedenen aber Bestätigungsurkunden aushändigt.

Vor einem nach wie vor nicht einvernehmlich gelösten Problem steht das religiöse Judentum, wenn der Ehemann seine Familie ohne Angabe eines Aufenthaltsortes verlässt, die Aushändigung der Scheidungsurkunde schlichtweg verweigert oder infolge einer psychischen

Erkrankung nicht dazu in der Lage ist. In eine Zwangslage kann die jüdische Ehefrau auch dann geraten, wenn ihr Gatte verstirbt, sie aber dessen Tod nicht beweisen kann. Solange sie sich nämlich im Zustand der «Aguna», der «Gebundenen», befindet, darf eine Jüdin keinen neuen Partner heiraten.

So sehr das traditionelle jüdische Recht um eine faire Behandlung der Frau im Scheidungsrecht bemüht ist, haben jüdische Gerichtshöfe doch praktisch keinerlei Handhabe, um einen Mann zur Beendigung des ehelichen Verhältnisses zu zwingen. Einklagbar ist die Scheidung nur in Israel, wo die Rabbinatsgerichte judikative Sonderrechte genießen. Als ultima ratio dürfen sie sogar Gefängnisstrafen gegen – meist aus materiellen Gründen – scheidungsunwillige Ehemänner verhängen, bis diese der Ehescheidung zustimmen. Dennoch bleibt weltweit vielen Jüdinnen eine Wiederverheiratung verwehrt, obwohl sie auf Dauer von ihren Männern getrennt leben. Einige religiöse Strömungen des modernen Judentums haben aber Mittel und Wege gefunden, um solche Ungerechtigkeiten zu vermeiden. So empfiehlt das konservative Judentum, entsprechende Klauseln in der Ketubba (s. Frage 74) zu verankern, durch die etwaige Rechtsstreitigkeiten in Scheidungsangelegenheiten umgangen werden können. Nach dem egalitären Geschlechterverständnis des liberalen Judentums existiert der Status der Aguna überhaupt nicht mehr, so dass eine Frau, um sich von ihrem Mann scheiden zu lassen, nicht mehr dessen Zustimmung benötigt. Ein progressives Rabbinatsgericht bescheinigt, falls vorherige Bemühungen um eine einvernehmliche Übereinkunft fehlgeschlagen sind, die Auflösung der Ehe sogar gegen den Willen des Ehegatten. Das gesetzestreue Judentum verweigert allerdings solch liberalen Entscheidungen die Anerkennung.

77. Sind konfessionell gemischte Ehen erlaubt?   In seiner negativen Beurteilung von Ehen zwischen Juden und Nichtjuden ist sich das religiöse Judentum weitgehend einig. Die Tora bezieht ihr Verdikt gegen die Mischehe im Grunde nur auf Verbindungen mit den Angehörigen der kanaanitischen Völker, um der Gefahr des Götzendienstes zu begegnen: «Und [du sollst] dich nicht verschwägern mit ihnen, deine Tochter sollst du nicht geben seinem Sohne, und seine Tochter nicht nehmen für deinen Sohn. Denn er wird abwendig machen deinen Sohn von mir, und sie werden fremden Göttern die-

nen» (Deuteronomium 7,3 f.). Seit der Rückkehr der Juden aus dem babylonischen Exil setzte sich allerdings ein generelles Verbot der Exogamie durch, das alle fremden Völker einschloss (vgl. Esra 9 f., Nehemia 13,13–29). Auch die späteren religionsgesetzlichen Texte bis hin zum *Schulchan Aruch* (*s. Frage 9*) sind sich einig, dass ein Jude keinen Partner außerhalb des eigenen Bekenntnisses heiraten darf, selbst wenn dieser sich zu einer monotheistischen Religion bekennt. Erlaubt ist die Außenheirat nur dann, wenn der nichtjüdische Partner zuvor zum jüdischen Glauben übertritt. Erfolgt keine Konversion, ist die Eheschließung nicht nur strengstens untersagt, sondern nach halachischen Maßstäben sogar ungültig.

Solange Eheschließungen nicht als Rechtsinstitut des bürgerlichen Rechts galten, sondern als religiöse Zeremonien in der Verantwortung der Glaubensgemeinschaften lagen, waren Heiraten zwischen Juden und Nichtjuden nahezu ausgeschlossen. Zu einem Alltagsphänomen mit weitreichenden religiösen, gesellschaftlichen und demographischen Konsequenzen entwickelte sich die interkonfessionelle Ehe erst seit dem 19. Jahrhundert, als die Ziviltrauung in zahlreichen westlichen Ländern Voraussetzung für die gesetzliche Gültigkeit der Ehe wurde. Viele Jüdinnen und Juden entscheiden sich seither für einen Ehepartner, der sich zu einer anderen oder zu gar keiner Religion bekennt. Pessimistische Beobachter haben deshalb immer wieder Warnungen ausgesprochen, dass der hohe Prozentsatz gemischt konfessioneller Ehen die Existenz der jüdischen Gemeinschaft bedrohe. Solche Untergangsszenarien haben sich aber bislang nicht bewahrheitet, zumal der Staat Israel keine standesamtlichen Trauungen ermöglicht. Man muss freilich einräumen, dass ein Großteil der Kinder aus gemischten Ehen keine jüdische Erziehung genießt und sich nicht zur jüdischen Religion bekennt.

Obwohl die religiösen Richtungen fast einvernehmlich gegen die gemischte Ehe Stellung beziehen, setzen sie sich im Alltag zunehmend pragmatisch mit dem Phänomen auseinander. Bei seinen Versuchen, die jüdisch-nichtjüdischen Paare und deren Kinder in das Gemeindeleben einzugliedern, geht das progressive Judentum am weitesten. Zwar weigern sich liberale Rabbiner vor allem in Europa weiterhin, Ehen mit Angehörigen anderer Konfessionen einzusegnen, doch werden die nichtjüdischen Partner ausdrücklich ermutigt, den Glaubenswechsel zu vollziehen – sogar gelegentlich von orthodoxer Seite.

78. Darf ein jüdischer Mann mehrere Frauen heiraten? Das Religionsgesetz lässt keinen Zweifel daran, dass eine jüdische Frau unter keinen Umständen zugleich mit zwei oder mehr Männern verheiratet sein darf. Eine religiöse Scheidung ist also unbedingte Voraussetzung für eine Wiederheirat. Im Unterschied dazu ist die jüdische Rechtsprechung in der Frage, ob ein Mann das Recht auf mehrere Ehefrauen hat, erst im geschichtlichen Verlauf zunehmend restriktiv verfahren. In der biblischen Urgeschichte leben zwar Adam und Eva als erstes Paar monogam, doch wissen die Erzählungen zu den Patriarchen sowie die Chroniken der Könige Judas und Israels von manchen Beispielen der Zwei- oder Vielehe zu berichten. In der talmudischen Zeit sprachen sich die meisten Rechtsgelehrten mit deutlichen Worten für die Monogamie als ideale Beziehung zwischen Mann und Frau aus. Dennoch wollten sie die Polygamie, die vermutlich keine gängige Praxis mehr war, nicht grundsätzlich untersagen. Als Voraussetzung galt, dass der Mann in der Lage sein musste, seinen ehelichen Pflichten gegenüber allen Gattinnen nachzukommen. Erst gegen Ende des Frühmittelalters ergingen in den jüdischen Gemeinden Anordnungen gegen die Mehrehe, die sich aber nur in den christlichen Teilen Europas durchsetzen ließen. Für eine Vereinheitlichung der unterschiedlichen Handhabungen in Israel sorgte eine nationale Rabbinerkonferenz, die wenige Jahre nach der Staatsgründung ein generelles Verbot der Polygamie aussprach. Allerdings durften sefardische und orientalische Juden aus dem islamischen Einflussbereich mit mehreren Frauen nach Israel einreisen. Eine eher theoretische Ungleichbehandlung der Geschlechter ergibt sich aus der Tatsache, dass das Oberrabbinat israelischen Männern eine Ausnahmegenehmigung zur Zweitehe erteilen kann, wenn sich eine Übergabe des Scheidungsbriefs an die erste Frau (*s. Frage 76*) als unmöglich erweist.

79. Was ist ein Mamser? Die Halacha definiert den «Mamser» (weibl.: Mamseret, Pl.: Mamserim) als Kind, das aus einer verbotenen Partnerschaft hervorgegangen ist. Es handelt sich entweder um einen Nachkommen aus einem verbotenen Verhältnis zwischen Blutsverwandten oder aber um das Kind einer verheirateten Frau, das außerehelich, also in Ehebruch gezeugt wurde. In der Praxis bedeutet dies, dass auch solche Kinder als Mamserim auf die Welt kommen, deren in zweiter Ehe verheiratete Mutter nicht vor einem orthodoxen Rabbinatsgericht geschieden worden ist. Hingegen gilt weder das Kind aus einer gemischt konfessionellen Beziehung noch der Nachwuchs lediger Eltern als Mamser. Die Übersetzung des hebräischen Begriffs mit dem häufig als Beleidigung gebrauchten Wort «Bastard» leitet deshalb in die Irre.

Als illegitim geborene Menschen sind Mamserim aber in der Tat mit einem moralischen Makel behaftet. Sie sind zwar in ihrer rechtlichen und gesellschaftlichen Stellung nicht benachteiligt, doch versagt ihnen das Religionsgesetz nach orthodoxer Lesart das Recht, einen jüdischen Partner «untadeliger Herkunft» zu heiraten (vgl. Deuteronomium 23,3). Der Mamser bzw. die Mamseret ist bei der Partnerwahl ausdrücklich beschränkt auf andere Mamserim sowie auf Konvertiten, d. h. Personen, die einen Religionswechsel zum Judentum vollzogen haben. Erschwerend hinzu tritt die Erblichkeit des Status. Die Nachkommen von Mamserim gelten deshalb grundsätzlich ebenfalls als Mamserim.

Die kontroversen Auseinandersetzungen zwischen liberalen und gesetzestreuen Juden kreisen nicht zuletzt um die ethischen Konsequenzen. Anders als die Orthodoxie, die erleichternde Entscheidungen lediglich ad hoc und innerhalb des Religionsgesetzes treffen will, sucht das progressive Judentum nach einem grundsätzlichen Ausweg aus dem Dilemma, dass Menschen wegen des Verhaltens ihrer Eltern oder weiterer Vorfahren Nachteile erleiden. Dieser Dissens hat weitreichende Folgen: Da reformorientierte ebenso wie rekonstruktionistische und konservative Rabbiner die Kategorie des Mamsers insgesamt infrage stellen und jegliche Erfassung von Personen ablehnen, auf die diese Bezeichnung angewendet werden kann, ist die Heirat zwischen orthodoxen und nichtorthodoxen Gläubigen zusätzlich erschwert. Ob in der Zukunft ein Kompromiss gefunden wird oder ob eine unaufhebbare Trennung zwischen gesetzestreuen Juden und den Anhängern anderer religiöser Strömungen droht, ist freilich noch nicht abzusehen.

80. Warum bekommen Kranke zuweilen einen neuen Namen?

Das Nachdenken über die Unsterblichkeit der Seele und eine Weiterexistenz in der kommenden Welt hat in der jüdischen Literatur tiefe Spuren hinterlassen. Eher mit den diesseitigen Aspekten körperlicher Vergänglichkeit beschäftigt sich die Halacha, wenn sie den konkreten Umgang mit Krankheit, Tod und Trauer regelt. Dass sich unter den berühmtesten jüdischen Religionsgelehrten auch mancher Mediziner befunden hat, mag nicht zuletzt mit der grundsätzlich positiven Haltung des normativen Judentums zu Gesundheit und Wohlbefinden des Menschen zusammenhängen. So hat ein Kranker nicht nur das Recht, sondern vielmehr die Pflicht, geeignete Maßnahmen zu ergreifen, um auf seine Genesung hinzuwirken. Er darf also nicht in der Hoffnung auf Heilung durch ein Wunder passiv verharren, sondern soll nach Möglichkeit einen Arzt konsultieren. Das abstrakte Prinzip der Lebensrettung (Pikuach Nefesch) hat konkrete Auswirkungen auf die Rechtspraxis. So verlieren religiöse Satzungen vorübergehend ihre Verpflichtungskraft, wenn andernfalls dem Patienten konkrete Gefahr droht. Um die Genesung zu gewährleisten, tritt etwa das Ruhegebot am Schabbat ebenso außer Kraft wie das Verbot, nichtkoschere Lebensmittel zu verzehren.

Aus Sorge um das Wohl der Kranken und Siechen haben jüdische Gemeinden, wo es ihnen möglich war, Gesundheitseinrichtungen und Organisationen der Wohlfahrtspflege etabliert, die sich bis in die Moderne erhalten haben. Die jüdische Ethik, die dem Grundsatz der gegenseitigen Verantwortung folgt, nimmt aber auch jeden einzelnen Gläubigen in die Pflicht, indem sie den Krankenbesuch als Akt tätiger Nächstenliebe (auch gegenüber dem Nichtjuden) herausstellt. Der Midrasch bezieht sich auf die Erzählung im Buch Genesis, wo berichtet wird, Gott selbst habe Abraham nach dessen Beschneidung auf dem Krankenlager besucht (vgl. Genesis 17,26–18,1). Der Besucher muss sich um die Bedürfnisse des Kranken kümmern, dessen Genesung er auch mit Gebeten unterstützen soll. Um den Tod einer schwerkranken Person abzuwenden, empfiehlt der Talmud unterschiedliche Maßnahmen: Neben Wohltätigkeit, Gebet und religiöser Umkehr wird auch die Namensänderung als Mittel genannt, das ein beschlossenes Urteil über das Schicksal des Kranken abwenden kann (vgl. bRosch Haschana 16b). Solche Zeremonien, bei denen die gefährdete Person einen neuen Namen erhielt, fanden in den Synagogen statt, sind aber heute kaum noch üblich.

In der Stunde des Todes darf eine Person in keinem Fall allein bleiben. Die engsten Familienangehörigen sollten anwesend sein und mit ihr beten. Die Kodizes fordern zudem, dass ein Quorum von zehn Männern zugegen ist und sich dem Studium der Tora widmet. Fühlt ein Jude sein Ende nahen, soll er ein Sündenbekenntnis (Widdui) sprechen, durch das er sich nach populärer Anschauung einen Anteil am Jenseits erwirbt. Fromme Juden rezitieren, wenn sie im Sterben liegen, das Gebet «Höre Israel», durch das sie sich zur Einheit und Einzigkeit Gottes bekennen (s. Frage 46).

81. Nach welchen Regeln werden die Toten beigesetzt? Zwar gestalten sich die Bestattungs- und Trauerbräuche in Israel und der jüdischen Diaspora nicht völlig einheitlich, doch haben sich unter dem Einfluss des Religionsgesetzes gemeinsame Grundzüge bis in die säkular geprägte Gegenwart erhalten können. Überlieferte Handlungen und Zeremonien zielen zunächst darauf, dem Prinzip der Totenehrung (Kibbud Hamet) Genüge zu tun. Sobald der Tod eines Menschen eintritt, werden dessen Augen geschlossen, der Körper mit einem Laken bedeckt und Kerzen angezündet. Der Brauch, im ganzen Haus die Spiegel zu verhängen, um zu verhindern, dass sich der Tote darin spiegelt, sowie die Vorschrift, geschöpftes Wasser in der Nähe des Toten auszuschütten, geht vermutlich auf abergläubische Vorstellungen zurück, wird aber auch mit religiösen Inhalten verknüpft und lebt deshalb vielfach fort. Im Übrigen gilt die strenge Pflicht, dass ein Leichnam bis zur Beerdigung nicht unbeaufsichtigt gelassen werden darf. Die Totenwache halten zunächst Verwandte und Freunde, doch können auch andere Personen jüdischen Glaubens diese Aufgabe übernehmen.

Um die Beisetzung sorgt sich im Regelfall kein kommerzielles Bestattungsunternehmen, sondern die Beerdigungsbruderschaft, «Chevra Kaddischa» (aram. für «Heilige Gemeinschaft») genannt. Ihre Mitglieder begreifen ihre Tätigkeit als Liebesdienst und Ehrenamt von hoher religiöser Bedeutung. Sie nehmen die vorgeschriebenen rituellen Waschungen des männlichen Leichnams vor (Tahara), den sie dann in sein schlichtes Totengewand aus weißem Leinen (Tachrichin) kleiden und aufbahren. Die Tradition beschreibt ein nahezu identisches Ritual bei den weiblichen Verstorbenen, um die sich aber aus Gründen der Geschlechtertrennung eine Schwesternschaft kümmert. Männliche Tote werden zudem in ihren Gebetsschal gehüllt, der aber zuvor durch die Abtrennung von Schaufäden (s. Frage 41) unbrauchbar gemacht worden ist. Dieser Akt symbolisiert die Tatsache, dass die irdischen Satzungen für den Verstorbenen ohne Bedeutung sind.

Da die Halacha verlangt, dass die Beerdigung so schnell wie möglich erfolgen soll (vgl. Deuteronomium 21,23), ist ein Aufschub nur

dann zulässig, wenn er zur Ehre des Toten erfolgt. Die Praxis hingegen, den aufgebahrten Leichnam der Trauergemeinde zu präsentie-
ren, gilt als unwürdige Zurschaustellung und ist nicht Bestandteil
der jüdischen Begräbniskultur. Im modernen Staat Israel ist es üblich, Verstorbene bereits binnen 24 Stunden oder sogar noch am gleichen Tag beizusetzen, sofern nicht weit entfernt lebende Angehörige
zur Beerdigung anreisen. In Deutschland mussten die Juden seit der
Aufklärung dem Druck der Obrigkeit nachgeben, als diese, um der
Gefahr von begrabenen Scheintoten zu begegnen, eine verzögerte Bestattung durchsetzte. Das deutsche Bestattungsrecht schreibt noch
heute vor, dass nach Eintritt des Todes eine mindestens zweitägige
Wartezeit eingehalten werden muss.

Pompöser Luxus ist bei jüdischen Begräbnissen im Allgemeinen
nicht üblich. Während im Heiligen Land gar keine Särge verwendet
werden, hat sich in weiten Teilen der Diaspora der Brauch etabliert,
Verstorbene in einem anspruchslos gearbeiteten Holzsarg beizusetzen. Der bewusste Verzicht auf jeden Prunk, der bis in die rabbinische
Zeit zurückreicht (vgl. bKetubbot 8b), verleiht dem Gedanken Ausdruck, dass vor Gott alle Toten gleich sind. Im Glauben an eine Auferstehung der Toten verfügen gläubige Juden zuweilen die Überfüh-
rung ihres Leichnams nach Israel. Auch die Sitte, dem oder der Toten
ein Säckchen mit Erde aus Eretz Israel (dem Land Israel) beizugeben,
knüpft an solche endzeitlich-messianischen Vorstellungen an.

Als Ausdruck der Nächstenliebe hat das Totengeleit (Halwajat
Hamet) einen hohen religiösen Stellenwert. Der Trauergottesdienst,
der in der Trauerhalle des Friedhofs oder am offenen Grab stattfinden kann, geht mit der Rezitation des Gebetes «El male Rachamim»
(«Herr voll der Gnade») und verschiedener Psalmen einher. Eine
Trauerrede (Hesped) ruft den Anwesenden das Leben des oder der
Verstorbenen in Erinnerung. Dass nahe Verwandte sich als Zeichen
der Trauer ein Stück ihrer Kleidung – oder auch ein eigens dafür vor-
gesehenes Stoffband – einreißen (Kria), geht auf die Bibel zurück (vgl.
z. B. Genesis 37,34). Vor der Beisetzung wird auch ein Gebet gesprochen, das die Anerkennung des göttlichen Rechtsspruchs (Zidduk
Hadin) zum Ausdruck bringt. Zum Abschluss der Beerdigung, wenn
die anwesenden Trauergäste die Grabstelle bereits mit Erde gefüllt
haben, spricht nach Möglichkeit der Sohn oder ein anderer männ-
licher Verwandter das Kaddisch.

Wie das gesetzestreue Judentum, das minutiös an den Bestattungstraditionen festhält, wissen auch die übrigen religiösen Strömungen um die Bedeutung von Ritualen bei der Bewältigung der Trauer. Zugleich nehmen insbesondere die religiös Liberalen für sich das Recht in Anspruch, die Bestattungsbräuche einer kritischen Sichtung zu unterziehen. Manche Vorschriften, wie das Bewachen des Leichnams vor oder das rituelle Waschen der Hände nach der Beisetzungszeremonie, hält das progressive Judentum für obsolet, ohne jedoch die Gläubigen ausdrücklich davon abzuhalten.

Einen entschieden egalitären Standpunkt vertritt die Reform in der Frage der Teilnahme von Frauen an der Bestattung. Bleiben weibliche Gläubige traditionell der Beerdigung fern, so sitzen Jüdinnen und Juden bei progressiven Trauerfeiern gleichberechtigt zusammen. Auch Angehörigen des Priestergeschlechts, die nach orthodoxem Verständnis die Nähe zu Toten meiden müssen, ist die Anwesenheit ausdrücklich gestattet. Besonders erbitterte Auseinandersetzungen wurden seit dem späten 19. Jahrhundert über die Feuerbestattung und die Frage ihrer Zulässigkeit ausgetragen. Während Liberale in der Einäscherung der Toten eine legitime Alternative zum herkömmlichen Begräbnis sehen, spricht sich das gesetzestreue Judentum strikt gegen die Kremation aus, die nicht zuletzt den überkommenen Vorstellungen an eine zukünftige Wiedervereinigung von Körper und Seele zuwiderläuft.

82. Darf man Gräber irgendwann auflösen? Bereits die biblischen Überlieferungen zu den biblischen Erzvätern liefern Hinweise darauf, dass die würdige Bestattung verstorbener Angehöriger tief in der religiösen Kultur Israels verwurzelt ist. Den Anfang macht der Patriarch Abraham, der Sara in der Höhle Machpela bei Hebron beisetzt (Genesis 23,19). War es lange Zeit Praxis, die Toten in Katakomben zu bestatten, gingen die Juden seit der Spätantike dazu über, Leichname in ausgehobenen Einzelgräbern beizusetzen.

Im Unterschied zum christlichen Glauben verlangt das Judentum noch heute, dass Gräber auf unbegrenzte Zeit angelegt werden, damit die Totenruhe dauerhaft gewährleistet ist. Um eine eigene Begräbnisstätte einzurichten, haben jüdische Gemeinden es sich deshalb stets zur Regel gemacht, ein geeignetes Areal als Eigentum zu erwerben. Auch die hebräische Bezeichnung des Friedhofs als «Bet Olam» bzw. «Bet Almin» (Haus der Ewigkeit) weist auf diese besondere Erfordernis. Ein weiterer geläufiger Name ist «Bet Hachajim» (Haus des Lebens bzw. Haus der Lebenden), der euphemistisch klingt, zugleich aber auf jüdische Auferstehungshoffnungen anspielen mag. Eher prosaisch klingt der Ausdruck «Bet Hakvarot» (Haus der Gräber).

In der Hebräischen Bibel ist der Stammvater Jakob der erste, der über einem Grab – dem der verstorbenen Rahel – ein Denkmal errichtet (Genesis 35,20). Grabsteine, die sowohl zur Kennzeichnung der Grabstelle als auch zur Ehrung des oder der Toten dienen, werden vielerorts erst am Ende der Trauerzeit, also nach Ablauf von 12 Monaten aufgestellt. Seit dem Mittelalter verwenden die aschkenasischen Juden Mitteleuropas aufrechte Stelen als Grabsteine. Im Unterschied dazu sind sefardische Friedhöfe an den horizontalen Grabplatten zu erkennen. Auch in Gestaltung, Bildsymbolik und Beschriftung unterscheiden sich die beiden Gruppen. Während die Nachkommen iberischer Juden neben hebräischen auch portugiesische und (seltener) spanische Inschriften verfassten, war Hebräisch viele Jahrhunderte lang ausschließliche Sprache auf aschkenasischen Grabsteinen. In der Friedhofskultur der deutschen Juden gewann die Landessprache seit dem 19. Jahrhundert zunehmend an Bedeutung. In jedem Fall sind die zahlreichen erhaltenen jüdischen Friedhöfe nicht nur bedeutende Kulturdenkmäler, sondern auch steinerne Archive von unschätzbarem Wert für die Geschichtsforschung. Vor allem aber gehört der Friedhof neben der Synagoge zu den religiösen Kerninstitutionen der jüdischen Kultusgemeinde.

Das jüdische Recht sieht vor, dass Grabfelder nach Möglichkeit außerhalb menschlicher Siedlungen angelegt werden. Auch weitere Gestaltungsmerkmale, z. B. die Mindesttiefe der Gräber und den erforderlichen Abstand zwischen den Grabstellen, regelt das Religionsgesetz. Während die Halacha Umbettungen nur in Ausnahmefällen duldet, gelten Neubelegungen einzelner Parzellen generell als unstatthaft. Von den Besuchern wird angemessenes Verhalten verlangt, das der Würde des Ortes Rechnung trägt. So ist es Brauch, dass auch nichtjüdische Männer eine Kopfbedeckung tragen, solange sie sich auf dem Gelände eines jüdischen Friedhofs befinden. Das Verbot, Kräuter oder Früchte zu pflücken, leitet sich ab von dem Prinzip, dass die Menschen keinen Nutznieß aus einem Begräbnisplatz ziehen dürfen. Zudem halten selbst manche liberale Gemeinden an der Tradition fest, weder Blumen noch Kränze als Grabschmuck zuzulassen. Stattdessen ist es uralter jüdischer Brauch, dass Besucher des Friedhofs einen kleinen Stein auf den Grabstein legen. Auf diese Weise bezeugen sie ihre Achtung für die verstorbene Person und setzen zugleich ein Zeichen, dass diese nicht vergessen ist.

Dass sich jüdische Menschen in der Diaspora häufig mit nichtjüdischen Partnern verbinden, ist eine Tatsache, die sich auch auf die heutige Bestattungspraxis auswirkt. War es ursprünglich üblich, dass die Toten in der Nähe ihrer Vorfahren begraben wurden, setzte sich seit dem 18. Jahrhundert durch, dass Ehepaare nebeneinander beerdigt werden. Der verständliche Wunsch jüdischer Gemeindemitglieder, eine Grabstelle mit ihrem andersgläubigen Ehepartner zu teilen, stellt die Gemeinden vor Probleme, die bislang nicht befriedigend gelöst worden sind. Denn anders als das progressive Judentum, das keine grundsätzlichen Einwände gegen die Bestattung von Nichtjuden auf jüdischen Friedhöfen erhebt und sich für gemischte Grababschnitte ausspricht, verweist die Orthodoxie auf das Religionsgesetz, das einen gewissen Abstand zwischen jüdischen und nichtjüdischen Begräbnisstätten verlangt. In Frankfurt a. M. ist vor einigen Jahren ein «interkonfessionelles Beerdigungsfeld» eingerichtet worden, auf dem die Partner nicht nebeneinander, sondern, getrennt durch einen begrünten Wegstreifen, einander gegenüber bestattet werden. Ob sich diese Lösung auch andernorts wird durchsetzen können, bleibt abzuwarten.

83. Warum sind Trauernde häufig unrasiert? Die Verarbeitung des seelischen Schmerzes nach dem Tod einer nahestehenden Person ist eine anthropologische Konstante, die auch in den biblischen Erzählungen zur Sprache kommt und aus der Frömmigkeitspraxis des Judentums nicht wegzudenken ist. Im Laufe der jüdische Geschichte haben sich besondere Trauerriten herausgebildet, die es den Angehörigen eines Verstorbenen erleichtern, den Verlust zu bewältigen und das innerliche Gleichgewicht wiederzugewinnen. Dabei lenkt die Tradition die Trauer in eine feste Bahn legitimer Ausdrucksformen, die auch ein Idealmaß beschreiben und helfen sollen, einen unkontrollierten Überschwang der Gefühle zu vermeiden. Abseits der Orthodoxie finden die Trauervorschriften aber keine strenge Beachtung mehr. Das progressive Judentum bekennt sich insofern zur gelebten Tradition, als es den Gläubigen nahelegt, an den überlieferten Formen festzuhalten, sie aber zugleich ermuntert, die Regeln mit Rücksicht auf die modernen Lebensbedingungen flexibel zu handhaben.

Der jüdische Trauerprozess verläuft in einer Abfolge von Phasen abnehmender Intensität (vgl. bMoed Katan 27b). Zwischen Tod und Beerdigung liegt die Zeit der «Aninut», in der die nächsten Angehörigen von den Pflichtgebeten und zahlreichen religiösen Verpflichtungen befreit sind, weil sie ganz von der Sorge um den Toten in Anspruch genommen werden. Der wichtigste Trauerabschnitt ist aber die eine Woche dauernde «Schiwa» (abgeleitet von dem hebräischen Wort für die Zahl «sieben»), die unmittelbar nach der Bestattung beginnt. Während dieser Zeit sollen die engsten Hinterbliebenen, d. h. Eltern, Kinder, Geschwister und Ehepartner, zu Hause bleiben und auf Schemeln oder niedrigen Hockern sitzen, um sich ganz in ihre Trauer zu versenken – daher der Ausdruck «Schiwe sitzen» (vgl. Hiob 2,13). Zum Andenken an den Toten brennt eine Kerze. Physische Arbeiten und Geschäfte sind in den sieben Tagen ebenso verboten wie Maßnahmen zur Körperpflege, frische Kleidung oder sexuelle Handlungen. Da das Torastudium grundsätzlich als Quelle der Freude gilt, ist selbst dieses eingeschränkt. Erlaubt ist aber die Lektüre der Bücher Hiob und Klagelieder, Teile des Propheten Jeremias sowie die Beschäftigung mit den halachischen Trauerbestimmungen. Ebenfalls zulässig ist die Beschäftigung mit der Mischna, die zur Ehre des Toten erfolgt. Lediglich am Schabbat besuchen die Hinterbliebenen die Synagoge. Während der übrigen Tage soll sich zu den drei Gebetszeiten eine Mindestzahl von zehn Männern im Haus der trauernden Familie zusammenfinden. Überhaupt steht die Gemeinde in der Pflicht, den Trauernden durch Trost (Nichum Avelim) beizustehen und sie nach Möglichkeit von ihren Alltagssorgen zu entlasten.

Nach dem Ende der Schiwa beginnt die «Schloschim» (dreißig) genannte Trauerzeit, die die restlichen Tage des ersten Monats nach der Beisetzung umfasst. Die nahen Verwandten gehen jetzt wieder ihren üblichen Beschäftigungen nach, wenngleich sie sich weiterhin von Vergnügungen fernhalten. Die männlichen Angehörigen verzichten noch immer auf die Rasur ihres Bartes und das Schneiden des Haupthaars. Regelmäßig nehmen die Trauernden am öffentlichen Gebet teil, um das Kaddisch zu sprechen und auf diese Weise der Seele der oder des Toten zu gedenken. Wer seine Mutter oder seinen Vater verloren hat, setzt seine Trauer sogar zwölf Monate fort. Nach Ablauf dieses Trauerjahrs wird des Elternteils vor allem zur «Jahrzeit» gedacht, wenn sich also nach der Zählung des jüdischen Kalenders der Sterbetag jährt. Zum Gedächtnis an die verstorbene Person brennt an diesem Tag eine Kerze, das «Jahrzeitlicht». Manche Gläubige fasten zu diesem Anlass, doch sind sie vor allem gehalten, zu den drei Gebetszeiten das Kaddisch zu rezitieren. Überdies ist es religiöse Sitte, zur Jahrzeit das Grab der Eltern aufzusuchen. Am Jom Kippur und an anderen Festtagen finden zudem Seelengedächtnisfeiern statt, bei denen in der Synagoge ein besonderes Gebet, das «Jiskor», für die Toten gesprochen wird.

84. Wann zieht eine Witwe dem Bruder ihres verstorbenen Mannes den Schuh aus? Nach dem Tod ihres Gatten steht es einer jüdischen Frau grundsätzlich (*s. aber Frage 76*) frei, sich einen neuen Ehepartner zu wählen. Ein Sonderfall tritt jedoch dann ein, wenn aus der Ehe keine Kinder hervorgegangen sind, mithin das Geschlecht des Verstorbenen auszusterben droht. Die Tora schreibt in diesem Zusammenhang vor: «Wenn Brüder zusammen wohnen, und es stirbt einer von ihnen und hat keinen Sohn, so soll das Weib des Verstorbenen nicht außerhalb, eines fremden Mannes werden; ihr Schwager soll zu ihr kommen, und sie sich zum Weibe nehmen, und an ihr die Schwagerpflicht üben. Und es soll geschehen: der Erstgeborene, den sie gebiert, soll eintreten auf den Namen seines Bruders, des verstorbenen, dass nicht ausgelöscht werde sein Name aus Israel» (Deuteronomium 25,5 f.). Die sogenannte Levirats- oder Schwagerehe zielt somit darauf ab, das Geschlecht des Verstorbenen zu erhalten, da die Nachkommen als dessen Erben gelten. Ist der Bruder des Verstorbenen nicht gewillt, seine Schwägerin zu ehelichen, kann er sich der Verpflichtung nur durch die Zeremonie der «Chaliza» (Schuhausziehen) entziehen, deren Ablauf ebenfalls auf die biblische Überlieferung zurückgeht (Deuteronomium 25,7–10). In einem symbolischen Akt, den ein rabbinisches Richterkollegium beaufsichtigt, streift die Frau ihrem Schwager den rechten Schuh vom Fuß und spuckt vor ihm aus. Diese Handlung begleiten hebräische Formeln, die von beiden Beteiligten gesprochen werden müssen. Nach dem Ritual steht es der Witwe frei, eine neue Ehe einzugehen.

In der nachbiblischen Zeit wurde die Chaliza bald zur bevorzugten Regel. Als solche verlor sie auch ihren ursprünglich entehrenden Charakter. Das israelische Oberrabbinat hat die Leviratsehe 1950 untersagt. Lehnt der Schwager es ab, von seinem «Recht der Weigerung» Gebrauch zu machen – wodurch er es der Witwe unmöglich macht, sich wieder zu verheiraten –, kann ihn der jüdische Staat notfalls in

Beugehaft nehmen, um ihn dazu zu zwingen, an der Chaliza teilzu-nehmen. Dennoch ist diese Zeremonie außerhalb der Orthodoxie umstritten. Jüdische Feministinnen kritisieren besonders die Abhän-gigkeit der hinterbliebenen Ehefrau von dem guten Willen ihres Schwagers. Bereits 1871 auf der israelitischen Synode in Augsburg hat sich das Reformjudentum unmissverständlich von der Chaliza distanziert.

Einheit und Vielfalt

85. Gelten die Samaritaner als Juden? Die Samaritaner (hebr. Schomronim, d. h. ursprünglich: die Bewohner von Samaria) betrachten sich selbst als Nachkommen der biblischen Stämme Ephraim und Manasse, die zum Nordreich Israel gehörten, bis dieses 722 v. d. Z. in die Hände der assyrischen Eroberer fiel. Zu einer eigenständigen Religionsgemeinschaft entwickelten sich die Samaritaner vermutlich im 5./4. Jahrhundert v. d. Z., als sie von den aus dem babylonischen Exil heimkehrenden Judäern (Juden) als nicht zu Israel gehörige Fremde ausgegrenzt wurden (vgl. 2. Könige 17,24–41) und sich dem Zentralkult in Jerusalem verweigerten. Ihr eigenes Konkurrenzheiligtum stand auf dem Berg Garisim bei Schechem (Nablus), der seine Bedeutung als sakrale Stätte der samaritanischen Religion bis heute nicht verloren hat. Normative Grundlage des samaritanischen Glaubens und religiösen Lebens ist der Pentateuch, den die Gläubigen als einzige autoritative Offenbarung anerkennen. Sie verehren Moses als alleinigen Propheten des Gottes Israels und hoffen auf die Ankunft einer messiasähnlichen Erlösergestalt (Taheb). Heute leben noch etwa 500 Samaritaner, die sich auf zwei Gemeinden in Cholon bei Tel Aviv sowie in Kirjat Lusa am Fuße des Berges Garisim (Westjordanland) verteilen. Sie verstehen sich weder als Palästinenser noch als jüdische Israelis, sondern wollen ihre Identität als eigene ethnische Gruppe bewahren. Der Staat Israel anerkennt aber Samaritaner nach dem sog. Rückkehrgesetz (*s. Frage 95*) als israelische Bürger und unterstützt deren Bemühungen um religiös-kulturelle Autonomie.

86. Wer waren die Pharisäer? In Judäa, seit 63 v. d. Z. römischer Vasallenstaat, erfüllte der Sanhedrin (Hohe Rat) als Körperschaft der jüdischen Selbstverwaltung wichtige politische und juristische Funktionen. In dieser Volksvertretung saßen sich zwei rivalisierende Religionsparteien gegenüber: Sozial elitär waren die Sadduzäer (*Zadokim*, abgeleitet von dem Namen des Hohepriesters am Tempel Salomos), die sich um die Tempelpriesterschaft gruppierten und aus deren Kreis sich in der Regel der Hohepriester rekrutierte. Eine ernst zu nehmende Konkurrenz erwuchs ihnen in den Pharisäern (*Pruschim*, abgeleitet von der Wurzel *p-r-sch* – «absondern»), von denen die neutestamentliche Polemik zu Unrecht das Bild bigotter Heuchler gezeichnet hat (vgl. z. B. Matthäus Kap. 23). Bemüht darum, auch außerhalb der engen kultischen Begrenzungen des Zentralheiligtums eine lebendige religiöse Praxis zur Geltung zu bringen, genossen die Mitglieder dieser Fraktion vielmehr breiten Rückhalt in der jüdischen Bevölkerung Palästinas. Durch gemeinschaftliches Gebet in der Synagoge, das Studium der Tora in Schule und Lehrhaus sowie die gewissenhafte Einhaltung der rituellen Vorschriften zielten sie darauf, das Volk zur Verwirklichung des Heiligkeitsgebots im Alltag anzuleiten. Von ihren Kontrahenten unterschieden sie sich auch in manchen religiösen Überzeugungen. So lehnten die Sadduzäer das pharisäische Bekenntnis zur mündlichen Tradition ebenso ab wie den Glauben an Engel, die Unsterblichkeit der Seele, die Wiederauferstehung der Toten und eine Vergeltung der Taten in der kommenden Welt.

Mit der Zerstörung des Jerusalemer Tempels während des jüdischen Aufstands gegen Rom (66–70/74 n. d. Z.) verlor die sadduzäische Priesteraristokratie sowohl ihre ökonomische Grundlage als auch ihren gesellschaftlichen Einfluss. Zeitgleich erfolgte der Aufstieg des rabbinischen Judentums, das in vieler Hinsicht an die pharisäische Vorstellungswelt und gelebte Frömmigkeit anknüpfte und dem es in den nachfolgenden Jahrhunderten gelingen sollte, seine Deutungen der Tradition als normatives Judentum durchzusetzen. Auf die Frage allerdings, ob die Rabbinen unmittelbar die Nachfolge der Pharisäer antraten, in deren Kontinuität sie sich selbst verstanden, oder ob sich ihre Überlieferung auch aus anderen Quellen speist, hat die Forschung zur jüdischen Religionsgeschichte unterschiedliche Antworten gegeben.

87. Wann entstand die Gemeinschaft der Karäer? Im Unterschied zu den Samaritanern handelt es sich bei den Karäern (hebr. Karaim, auch: Bne Mikra, oder Baale Mikra) nicht um eine eigenständige religiös-ethnische Gemeinschaft, sondern um eine religiöse Sekte innerhalb des Judentums. Ihr Name, der sich von dem Wort «Mikra» (Bibel) ableitet, deutet bereits auf die talmudkritische Stoßrichtung der Bewegung, deren Opposition sich vor allem gegen das mit dem Nimbus göttlicher Herkunft versehene mündliche Religionsgesetz richtet. Seinem Selbstverständnis zufolge geht das karäische Judentum zurück auf die Sinaioffenbarung der schriftlichen Tora, von der sich die Auslegungen der Pharisäer und Rabbinen irrtümlich entfernten. Die Geschichtsforschung vermutet die Anfänge des Karäertums im 9. Jahrhundert, als in Babylonien Gruppierungen unterschiedlicher Ausrichtung zusammenwuchsen, die sich vor allem in ihrer Opposition gegen die Hegemonie der rabbinischen Gelehrten einig wussten.

Wird der Ursprung der Bewegung häufig mit Anan ben David (8. Jahrhundert) in Verbindung gebracht, hat vermutlich erst Benjamin ben Moses Nahawendi (ca. 830–860) die Grundlagen für eine karäische Schriftauslegung und Rechtstradition geschaffen. Das Religionsgesetz (Sevel Hajeruscha – Erblast) orientiert sich am einfachen Wortsinn des Bibeltextes und stellt in Fragen der rituellen Reinheit und des Personenstandsrechts häufig sogar strengere Forderungen als die rabbinische Halacha. Die Auseinandersetzung mit der karäischen Herausforderung hat die jüdische Geistesgeschichte in vielen Bereichen befruchtet. Gemeinden von karäischen Gläubigen entstanden vor allem im islamischen Kulturkreis und in Byzanz, später siedelten größere Gruppen auf der Halbinsel Krim, von wo aus sie auch nach Litauen gelangten. Derzeit leben 25–30 000 Karäer in Israel, wo sich auch ihr Weltzentrum (Ramle) befindet. Etwa 10 000 karäische Gläubige wohnen außerhalb des jüdischen Staates, vor allem in Europa und den USA.

88. Wo liegt Aschkenas, wo liegt Sefarad?
«Aschkenas», das die Völkertafel der Genesis (10,3) erwähnt, wurde in der rabbinischen Literatur des Mittelalters zunächst mit Deutschland bzw. dem deutschen Judentum gleichgesetzt, doch bezeichnete es später den gesamten jüdischen Siedlungsraum in Nord-, Zentral- und Osteuropa. Aschkenasische Juden leben heute aber auch in der Neuen Welt und natürlich in Israel. «Sefarad» hingegen, das ebenfalls in der Bibel (Obadja V. 20) auftaucht und dort als Name für den Sitz einer Kolonie von Exilanten aus Jerusalem verwendet wird, ist seit dem 8. Jahrhundert als hebräische Benennung für Spanien im Gebrauch. Im weiteren Sinne wird es mit der Iberischen Halbinsel insgesamt identifiziert. Als Sefarden gelten jene Juden, deren Vorfahren vor allem seit dem späten 15. Jahrhundert aus den rechristianisierten Ländern Spanien und Portugal flohen, um entweder der Zwangstaufe zu entgehen oder sich aber wieder offen zum Glauben ihrer Vorväter bekennen zu können. Die Sefardim siedelten vor allem in muslimischen Territorien des südlichen und östlichen Mittelmeerraums, doch gelangten sie auch bis nach Amerika sowie nach Nordwesteuropa, wo

sie etwa in London, Amsterdam und Hamburg-Altona bedeutende Gemeinden gründeten.

Aschkenasische und sefardische Juden begriffen sich stets als Angehörige einer gemeinsamen Religion, die sie jedoch selbst dort, wo sie an einem Ort zusammenlebten, getrennt voneinander ausübten. Die soziokulturellen Gegensätze, die sich auch in unterschiedlichen liturgischen Traditionen, religiösen Bräuchen, halachischen Auslegungen und nicht zuletzt in der voneinander abweichenden Aussprache des Hebräischen niederschlugen, leben noch im modernen Staat Israel fort. Während sich der Zionismus in der ersten Hälfte des 20. Jahrhunderts vor allem als Projekt des aschkenasischen, überwiegend osteuropäischen Judentums präsentierte, erfolgte die Zuwanderung der orientalischen Juden (Misrachim) – zu denen auch die Sefarden gehören – vor allem im Zuge der Vertreibungen aus den arabischen Staaten nach 1948. Bis heute haben sich viele Orientalen zwar in der Mitte der israelischen Gesellschaft etabliert, ohne aber den gesellschaftlichen und ökonomischen Rückstand gegenüber den Aschkenasim insgesamt aufheben zu können. Auch die Eingliederung der äthiopischen Juden («Falascha» bzw. «Beita Israel»), die seit den 1980er Jahren von der israelischen Regierung auf dem Luftweg ins Land geholt worden sind, stellt das Land noch immer vor bedeutende Herausforderungen.

89. Wie progressiv ist der Chassidismus? Als betont volkstümliche, mystisch-religiöse Erweckungsbewegung brachte sich der osteuropäische Chassidismus (von *chassid* – fromm, Frommer) vor allem gegen ritualgesetzlichen Formalismus und die elitäre Kultur talmudischer Gelehrsamkeit in Stellung. Seine Anfänge gehen auf den charismatischen Wunderheiler Israel ben Elieser Baal Schem Tov («Herr des guten Namens», Akronym: Bescht; gest. 1760) zurück, der um die Mitte des 18. Jahrhunderts in Podolien eine begeisterte Gefolgschaft um sich sammelte. Zu einem echten Massenphänomen entfaltete sich der Chassidismus unter Eliesers Schüler Dov Bär von Meseritsch (gest. 1772) und dessen Jüngern, die der Bewegung zu konkreten Leitvorstellungen verhalfen, aber keine organisatorische Geschlossenheit anstrebten, sondern eine Vielzahl von zum Teil konkurrierenden Gruppierungen gründeten. Im Verlauf des 19. Jahrhunderts setzten sich die «Frommen» dann endgültig gegen die Anfeindungen ihrer traditionalistischen Gegner (Mitnagdim) durch. Vor allem in Polen,

Ungarn, Rumänien, Weißrussland und der Ukraine bekannten sich weite Teile der jüdischen Bevölkerung zum Chassidismus, durch die er sich zur stärksten Kraft der neuzeitlichen Orthodoxie aufschwang.

Trotz seines Nonkonformismus verstand sich der Chassidismus niemals als häretische Konfession. Im Gegenteil bekannte er sich seit jeher zum normativen Judentum, das er betont konservativ auslegte. Innovative theologische Anschauungen kamen und kommen in der chassidischen Weltanschauung kaum zum Tragen. Lebenszugewandte Fröhlichkeit, Spontaneität, naive Gläubigkeit und eine praktisch ausgerichtete Ethik, die Vernachlässigung intellektueller Gesichtspunkte, die Popularisierung kabbalistischer Begriffe und Konzepte, die Hervorhebung des religiösen Erlebnisses sowie die Betonung der Gemeinschaft mit Gott (Dvekut) bezeichnen auffällige, wenn auch nicht originäre Merkmale chassidischer Frömmigkeit. Eine echte Neuerung bedeutete allerdings die dynastische Institution des «Zaddik» (gerecht, Gerechter) oder «Rebbe», die sich bereits gegen Ende des 18. Jahrhunderts in allen chassidischen Zirkeln durchsetzte. Als religiöses Oberhaupt seiner Gemeinschaft, die ihm höchste Verehrung entgegenbringt, erfüllt der Zaddik bis heute die Funktion eines Mittlers, der die Gebete der Gläubigen zu Gott trägt und sowohl in geistlichen als auch in materiellen Angelegenheiten zu deren Gunsten interveniert.

Bekannten sich vor der Schoa mehrere Millionen Frauen, Männer und Kinder zum Chassidismus, so zählt die Bewegung heute noch einige hunderttausend Gläubige, die vor allem in Großstädten an der Ostküste der USA sowie in Israel leben und sich dort auf einige Dutzend «Edot» (Gemeinschaften) verteilen. Nahezu überall auf der Welt präsent ist der um 1800 entstandene Zweig «Chabad» (Initialwort der Begriffe «Chochma», «Bina», «Daat» – Weisheit, Einsicht, Erkenntnis), der seine Arbeit von Brooklyn (New York) aus koordiniert. Die Lubawitscher, wie die Gruppierung nach ihrer ursprünglichen geographischen Herkunft auch genannt wird, haben in mehr als 80 Ländern Niederlassungen eingerichtet. Tausende von rabbinischen Entsandten (Schluchim) betreiben eine intensive innere Missionsarbeit, um jüdische Menschen für ein Leben nach dem Religionsgesetz zu begeistern. Menachem Mendel Schneersohn, bis zu seinem Tod 1994 Rebbe und unangefochtener Führer von Chabad, gilt manchen seiner Anhänger als Messias, dessen baldige Wiederkunft sie erwarten.

Israel und Diaspora

90. Was ist Antisemitismus? Obwohl Antisemitismus eine Erscheinung innerhalb der nichtjüdischen Gesellschaft auf den Begriff bringt, hat sich diese doch auf den Verlauf der jüdischen Geschichte ausgewirkt und dort Spuren der Verwüstung hinterlassen. Bei dem Neologismus, der 1879 in Umlauf kam, handelt es sich vermutlich um eine Wortschöpfung aus dem Umkreis des Hamburger Journalisten und erklärten Judenhassers Wilhelm Marr (1819–1904). Der Terminus «Antisemitismus» ist zugleich missverständlich und vieldeutig: Im Widerspruch zum wörtlichen Sinn nimmt er nämlich nicht alle Angehörigen der semitischen Sprachfamilie ins Visier, sondern wendet sich ausschließlich gegen Juden. Heute wird er zumeist in einer weiter gefassten Bedeutung gebraucht, um alle historischen Erscheinungsformen einer wider Juden und Judentum gerichteten Ablehnung zu subsumieren. Im engeren Sinne indes beschreibt Antisemitismus eine judenfeindliche Weltanschauung, die im Verlauf des 19. Jahrhunderts als Reaktion auf die jüdische Emanzipation Gestalt annahm und sich aufgrund ihrer rassistischen und pseudowissenschaftlichen Beweisführung signifikant von älteren, vorwiegend religiös geprägten Formen des Judenhasses unterscheidet. Radikalste Konsequenz einer biologistischen Ideologie, die Juden nicht mehr wegen ihres Glaubens anfeindete, sondern in ihnen einen ewigen Feind der Menschheit ausmachte, war der deutsche Massenmord an den europäischen Juden, dem während des Zweiten Weltkriegs sechs Millionen Menschen zum Opfer fielen.

Die Vertreter des Antisemitismus haben die realen jüdischen Lebenswelten in der Regel bis in die Gegenwart nicht zur Kenntnis nehmen wollen. Antisemitismus geht also nicht auf vorhandene Konflikte zwischen Juden und Nichtjuden zurück, sondern beruht auf Konstruktionen und Projektionen. Die Suche der Wissenschaft nach den historischen, politischen, ökonomischen, sozialen, religiösen, kulturellen und psychologischen Ursachen von Vorurteilen gegenüber jüdischen Menschen hat eine Fülle von Theorien hervorgebracht, ohne dass es aber bislang gelungen wäre, zu einem umfassenden, abschließenden Verständnis des Antisemitismus und seiner unterschiedlichen Konkretisierungen zu gelangen. Aus der Beobachtung, dass sich Judenhass seit der Antike und vor allem in christlichen

Gesellschaften mit bemerkenswerter Konstanz gehalten hat, mag allzu leicht dessen Deutung als anthropologische Konstante erfolgen. Die jüdische Geschichte ist aber mitnichten eine bloße Abfolge von Ausgrenzungs- und Verfolgungserfahrungen.

91. Sprechen alle Juden Hebräisch? Die hebräische Sprache, Ivrit, unterscheidet sich hinsichtlich ihrer Morphologie und Syntax signifikant vom Deutschen und anderen europäischen Sprachen. Die meisten flektierten Wortformen gehen auf Stämme zurück, die sich aus drei Wurzelkonsonanten zusammensetzen. Das hebräische Alphabet – korrekter wäre «Alefbet» –, umfasst 22 Buchstaben, die von rechts nach links geschrieben werden. Da sich die hebräische Schrift nur aus Konsonanten zusammensetzt, entwickelten jüdische Gelehrte des frühen Mittelalters ein System von Vokalzeichen, die sich heute vor allem in den gedruckten Bibelausgaben finden und ansonsten Leseanfängern als Hilfestellung dienen.

Die Linguistik ordnet Hebräisch der Gruppe der semitischen Sprachen zu, in die sich auch das Aramäische und das Arabische einreihen. Das normative Judentum schenkt freilich solchen wissenschaftlichen Zusammenhängen keine Beachtung. Hier gilt Hebräisch als Ursprache, als Instrument der Schöpfung (vgl. Genesis 1) und deshalb auch als heilige Sprache (Leschon Hakodesch). Sprachen die Israeliten in der Antike ursprünglich Hebräisch, trat nach der Rückkehr aus dem Babylonischen Exil das Aramäische, Verkehrssprache des Vorderen Orients, zunehmend in den Vordergrund. Im täglichen Umgang der Juden verlor die hebräische Sprache nach und nach an Bedeutung, bis sie seit den ersten Jahrhunderten n. d. Z. nur noch in der Liturgie und religiösen Literatur Verwendung fand. Als Fremdsprache, die erst erlernt werden musste, eignete sie sich fortan kaum noch als Medium der Alltagskommunikation.

Ein wesentliches Verdienst um die Wiederbelebung und Erneuerung der hebräischen Sprache nach fast 2000 Jahren erwarb sich der Sprachforscher und Lexikograph Eliezer Ben Jehuda (1858–1922), der sich 1881 in Eretz Israel niederließ. Als säkulare Gemeinsprache allerdings begann sich ein modernisiertes, erweitertes und differenziertes Neuhebräisch vor allem seit dem frühen 20. Jahrhundert durchzusetzen, einhergehend mit den Anfängen der zionistischen Besiedelung Palästinas. Seit der Unabhängigkeit ist Hebräisch offizielle Landessprache des jüdischen Staates und inzwischen Muttersprache von

Millionen Israelis. Seit 1953 befasst sich die in Jerusalem beheimatete Akademie für die hebräische Sprache laufend mit deren Aktualisierung.

Während sich der Gebrauch des Hebräischen bis ins späte 19. Jahrhundert fast ausschließlich auf die sakrale Sphäre beschränkte, bildeten sich in der Diaspora, bedingt durch die erzwungene gesellschaftliche Segregation der Juden, neue jüdische Sprachen heraus. Über Jahrhunderte hinweg der Alltagsverständigung dienend, haben sie erst nach dem Holocaust rapide an Bedeutung eingebüßt. Zu den wichtigsten jüdischen Profansprachen zählt das Ladino, das auch als Judezmo, Spaniolisch oder Judeo-Español bezeichnet wird. Es geht zurück auf das mittelalterliche Spanisch, weist aber auch zahlreiche hebräisch-aramäische Bestandteile auf und zeigt überdies Einflüsse weiterer iberischer Sprachen und Dialekte. Gepflegt wurde die Mischsprache vor allem von jenen Sefarden, die sich nach ihrer Vertreibung von der Iberischen Halbinsel im Osmanischen Reich niederließen. Seit 1948 sind die meisten Juden, die Judezmo noch als Erstsprache erlernt haben, in das hebräisch geprägte Israel eingewandert. Trotz eines wachsenden wissenschaftlichen Interesses am Judenspanisch wird dieses vermutlich binnen weniger Jahrzehnte ganz aus dem Alltag verschwinden.

Auch die Geschichte der jiddischen Sprache reicht bis in das Mittelalter zurück, doch gehen die Meinungen zu einer genaueren Datierung ihrer Anfänge auseinander. Ursprüngliche Heimat des Jiddischen war das Alte Reich, wo es sich, angelehnt an das Mittelhochdeutsche sowie unter Einschluss hebräischer Elemente, von einem Gruppendialekt zu einer wirklichen Sprache entwickelte. Im Zuge der Verfolgungen und Vertreibungen, denen sich die in den deutschen Territorien beheimateten Juden seit dem 11. Jahrhundert ausgesetzt sahen, gelangte das Jiddische auch nach Osteuropa, wo sich in der Folgezeit vor allem slawische Einflüsse geltend machten. Die Jiddistik unterscheidet deshalb Ostjiddisch von einer westlichen Variante, die aufgrund ihrer Nähe zur deutschen Sprache zuweilen auch als «Judendeutsch» bezeichnet wird. Bis zur Schoa, der vor allem die Juden in Polen und der westlichen Sowjetunion zum Opfer fielen, kamen weder Ladino noch die hebräische oder eine andere jüdische Sprache hinsichtlich ihrer Verbreitung dem Jiddischen gleich. Im Unterschied nämlich zu den deutschen Juden, die im Verlauf ihrer Akkulturation während des 19. Jahrhunderts die deutsche Sprache übernahmen, hielten die jüdischen Massen in Osteuropa und den Vereinigten Staaten an der jiddischen «Mameloschn» (Muttersprache) fest, die auch als Literatursprache in hoher Blüte stand. Um 1930 bedienten sich noch etwa zehn bis elf Millionen aschkenasische Juden des Jiddischen als Sprache der Alltagskommunikation. Ein Vergleich mit der Gegenwart offenbart die Lücken, die der Holocaust geschlagen hat, die aber auch aus der restriktiven Sprachenpolitik der UdSSR, der Vorherrschaft des Hebräischen in Israel sowie der kulturellen Integration des amerikanischen Judentums resultieren. Heute leben weltweit noch etwa zwei Millionen Menschen, die des Jiddischen mächtig sind, es aber zumeist nicht mehr als Hauptsprache benutzen. Nur in einigen streng frommen und chassidischen Gemeinschaften vor allem im jüdischen Staat sowie in den USA dient es nach wie vor als – durchaus entwicklungsfähige – Umgangssprache.

92. Sehnen sich alle Juden nach Jerusalem? Jerusalem (hebr.: Jeruschalajim), seit 1950 offizielle Hauptstadt des zwei Jahre zuvor gegründeten jüdischen Staates, hat heute etwa 900 000 Einwohner und ist damit die mit Abstand größte Stadt des Landes. Die israelische Souveränität über Jerusalem ist völkerrechtlich umstritten. Die Palästinenser reklamieren den Ostteil der Stadt, 1948 bis 1967 unter jordanischer Kontrolle und seither mit dem Westteil wiedervereinigt, als Hauptstadt eines eigenen Staates für sich. Kompliziert gestaltet sich die Situation auch in religiöser Hinsicht: Drei Weltreligionen, die Jerusalem mit Geschehnissen der eigenen – geglaubten oder erlebten – Geschichte verknüpfen, gilt sie als heilige Stadt. Immerhin aber kann das Judentum in dieser Hinsicht ältere Ansprüche geltend machen als das Christentum und der Islam. Den Juden (bzw. den Israeliten) gilt Jerusalem als sakraler Ort, seit der judäische König David die Stadt um die Wende vom 2. zum 1. Jahrtausend v. d. Z. aus den Händen der Jebusiter eroberte. David machte Jerusalem nicht nur zum politischen Dreh- und Angelpunkt seines expandierenden Imperiums, sondern überführte dorthin auch die Bundeslade mit den Gesetzestafeln, Symbol der göttlichen Gegenwart (Schechina). Endgültig zum religiösen Mittelpunkt des Reichs wurde Jerusalem, als Davids Sohn Salomo auf dem Zionsberg den ersten Tempel erbauen ließ und auf diese Weise den Zusammenhang der Stadt mit dem Gott Israels zementierte.

Sowohl am Ersten, 587/86 v. d. Z. von Nebukadnezar geschleiften, als auch am Zweiten Tempel, den die judäischen Rückkehrer aus dem babylonischen Exil 515 v. d. Z. einweihen konnten, verrichtete das priesterliche Personal den Opferdienst zugunsten aller Juden, die ihrerseits regelmäßig nach Jerusalem pilgerten. Aber auch nach 70 n. d. Z., als die Römer die Tempelanlagen in Brand steckten, blieb die Stadt als symbolhafter Bezugspunkt des jüdischen Glaubens von höchster Bedeutung. Neben die rückwärtsgewandte Erinnerung an den Verlust des kultischen Zentrums und der politischen Selbstbestimmung trat ein messianischer Grundzug des rabbinischen Judentums, das die Hoffnung auf die Wiederherstellung eines eigenen Staates mit einem endzeitlichen Heilszustand göttlicher Herrschaft verband (*s. Frage 17*). Als eschatologische Chiffre findet Jerusalem zahlreiche Erwähnung in der halachischen und aggadischen Literatur (*s. Frage 7*). Ebenso wie der Festtagskalender verschafft das Gebetbuch der Trauer um sowie der Sehnsucht nach Jerusalem ständig wiederkehrenden Ausdruck. Auch säkulare Spielarten des Zionismus nehmen mittelbar Bezug auf solche national-religiösen Zukunftsvisionen, wenn sie die Unteilbarkeit Jerusalems verkünden. Anlässlich der Wiedervereinigung der Stadt nach dem Sechstagekrieg begeht die jüdische Bevölkerung Israels seit 1968 jährlich den Jerusalemtag. 1988 wurde er sogar per Gesetz zum nationalen Feiertag erklärt.

93. Wie deuten Juden das Leben in der Diaspora? Die jüdische Diaspora-Erfahrung reicht zurück bis in das Jahr 587/86 v. d. Z., als der Erste Tempel in Jerusalem den Flammen zum Opfer fiel und Nebukadnezar Teile der Bevölkerung von Juda in die babylonische Gefangenschaft verbringen ließ. Nicht alle Deportierten wollten jedoch in ihre Heimat zurückkehren, als ihnen 538 v. d. Z. die neuen persischen Machthaber die Erlaubnis dazu erteilten. Während der hellenistischen Periode, d. h. seit dem 4. Jahrhundert v. d. Z., bildeten sich auch in anderen Ländern des östlichen Mittelmeerraums prosperierende jüdische Kolonien. Spätestens seit dem endgültigen Verlust der staatlichen Souveränität 70 n. d. Z. und unter dem Zwang repressiver politischer und ökonomischer Verhältnisse zogen immer weitere Teile der jüdischen Bevölkerung aus Eretz Israel, nun römische Provinz, in andere Länder.

Das normative Judentum hat diesen krisenhaften Zustand der Entfremdung und Entwurzelung mit dem Begriff «Exil» (Galut bzw. Gola) beschrieben. Von der theologischen Warte des normativen

Judentums aus bezeichnet die Galut einen gottgewollten, häufig als kollektive Bestrafung Israels gedeuteten Zwischenzustand, dem das ersehnte Erlösungsgeschehen des messianischen Zeitalters ein Ende setzen wird (Kibbuz Galujot – Sammlung der Exilierten [im Land Israel]). Erst die progressiven Strömungen des neuzeitlichen Judentums vor allem in Westeuropa und den Vereinigten Staaten gelangten zu einer positiven Einschätzung der Diaspora, wenn sie ihre Hoffnung auf eine menschheitliche Hinwendung zu Gott in den Mittelpunkt ihrer Heilserwartungen stellten. Seit dem späten 19. Jahrhundert hat der Zionismus einen Gegenentwurf vorgelegt, der die Diaspora als Geschichte einer radikal gescheiterten Integration beschreibt, zugleich aber das Ziel einer nationalen Wiedergeburt nicht einer fernen Zukunft überantwortet, sondern in die unmittelbare Reichweite menschlichen Handelns rückt.

Die israelische Staatsgründung 1948 hat im Grunde die beinahe 2000 Jahre während Galut der Juden beendet, ohne freilich deren Zerstreuung (Tefuza – dieser Begriff entspricht dem griechischen «Diaspora») über den Erdball gänzlich zu überwinden. Trotz einer massiven Einwanderung nach Israel, die sich bis in die jüngste Vergangenheit fortsetzt, lebt heute noch immer die Mehrheit aller Juden außerhalb des jüdischen Staates. Israel und die Diaspora stehen aber trotz widerstreitender Lebensentwürfe in vielfältigen positiven Beziehungen miteinander. Die Mehrheit der Juden weltweit fühlt sich grundsätzlich loyal zu Israel, freilich ohne dass sie der zionistischen Aufforderung Folge leistet, den Wohnsitz nach Israel zu verlegen. Nicht zuletzt der Sechstagekrieg von 1967 hat das Bewusstsein der Zusammengehörigkeit und gegenseitigen Abhängigkeit Israels und der jüdischen Diaspora geschärft.

94. Ist der Zionismus eine religiöse Bewegung? Obwohl die Juden seit der Zerstörung des Ersten Tempels vielfältige Erfahrungen mit dem Leben in der Zerstreuung gemacht haben, hat die jüdische Religion bis in die Neuzeit hinein das Exil (die Galut) nicht als Normalsituation, sondern lediglich als krisenhafte Zwischenphase der Geschichte betrachtet. Tief verankert im orthodoxen Glauben ist die Zuversicht, dass das Volk Israel im Verlauf des messianischen Endzeitgeschehens nach «Zion» – pars pro toto für das gesamte Heilige Land – zurückkehren wird. Der Zionismus, dessen westeuropäische Anfänge in das späte 19. Jahrhundert zurückgehen, bezieht sich nun zwar auf solche traditionellen Glaubensvorstellungen, doch hat er sich in dialektischem Widerspruch zu diesen zunächst als säkulare Bewegung verstanden. Unter dem Eindruck eines virulenten Antisemitismus sowie geprägt von den nationalistischen Diskursen der Gegenwart präsentierte er sich als moderne Nationalideologie, die den als unnatürlich definierten Zustand der jüdischen Diaspora durch ein öffentlich-rechtlich gesichertes Territorium im Land der Väter zu überwinden trachtete.

Der Zionismus, der 1897 als Bewegung Fuß zu fassen begann, als in Basel der Erste Zionistenkongress zusammentrat, hat niemals zu monolithischer Geschlossenheit gefunden: Während die Anhänger des Kulturzionismus Palästina weniger als Zufluchtsstätte für die Opfer antijüdischer Verfolgung verstanden, sondern zu einem geistig-kulturellen Zentrum des jüdischen Volkes entwickeln wollten, betonte der politische Zionismus die Notwendigkeit einer kontinuierlichen Aufbauarbeit im Land, die auf eine Staatsgründung hinauslief. Innerhalb des politischen Zionismus lag die Majorität bei den Sozialisten und den bürgerlichen Allgemeinen Zionisten, während das national-religiöse Lager, das seine Anhänger aus der Orthodoxie rekrutierte, stets in der Minderheit blieb. Am rechten Rand des Spektrums positionierte sich die «revisionistische» Fraktion, die den jüdischen Gebietsanspruch auf das gesamte Palästina dies- und jenseits des Jordans formulierte.

Die erklärte Absicht des Zionismus, ein Gemeinwesen für das jüdische Volk zu schaffen, ging häufig Hand in Hand mit der Vorstellung, durch die Hinwendung der Immigranten zu körperlichen Tätigkeiten «neue Menschen auf alter Erde» zu schaffen. Gemeinschaftliche Siedlungsformen wie Moschav oder Kibbuz prägten den landwirtschaftlichen Produktionssektor. Das zionistische Projekt fand vor allem in Osteuropa zahlreiche Anhänger, provozierte jedoch unter den patriotisch gesinnten Angehörigen des jüdischen Bürgertums in Westeuropa zumeist heftige Gegenwehr. Auch das religiöse Establishment sprach sich in der Regel gegen die Idee eines jüdischen Staates aus, die es als gefährlichen Eingriff in den göttlichen Heilsplan skandalisierte. Aber auch in Eretz Israel selbst mussten sich die Zionisten mit Widerständen auseinandersetzen. Die britische Regierung, die seit 1922 das Mandat des Völkerbunds über Palästina ausübte, hatte zwar in der sog. Balfour-Deklaration vom November 1917 ihr grundsätzliches Einverständnis mit der «Errichtung einer nationalen Heimstätte für das jüdische Volk in Palästina» erklärt. Sie machte jedoch Zugeständnisse gegenüber der autochthonen arabischen Bevölkerung, die auf die Landkäufe und jüdische Besiedlung mit wachsender Feindseligkeit reagierte. Ungeachtet der zunehmend restriktiven Zuwanderung vor allem seit den 1930er Jahren wuchs die jüdische Bevölkerung Palästinas bis zur Unabhängigkeitserklärung Israels im Mai 1948 auf 650 000 Menschen.

Obwohl der Zionismus durch die Gründung des Judenstaates sein wesentliches Ziel erreicht hat, setzt sich seine Geschichte bis in die Gegenwart fort. Teile der israelischen Ultraorthodoxie (Charedim) sind von ihrem ursprünglich militanten Antizionismus abgerückt und nehmen inzwischen einen pragmatischeren Standpunkt ein, der ihnen auch eine politische Partizipation ermöglicht. Auf der anderen Seite melden sich heute neue kritische Stimmen zu Wort, die den Zionismus als mittlerweile obsolet ansehen und eine Entmythologisierung seiner Errungenschaften fordern. Die große Mehrheit der jüdischen Israelis betrachtet den jüdischen Staat aber weiterhin als Notwendigkeit. Als positiver Orientierungspunkt ihrer Identität spielt Israel meist auch bei jenen Juden eine Rolle, die sich bewusst für ein Leben in der Diaspora entscheiden.

95. Ist Israel ein jüdischer Staat? Israel ist nicht nur ein Land mit einer jüdischen Bevölkerungsmajorität von über 75 % (2005), sondern versteht sich ausdrücklich als «jüdischen Staat» bzw. als «Staat des jüdischen Volkes», dem gegenüber er sich zu einer besonderen Verantwortung bekennt. Für die dauerhafte Einwanderung gilt deshalb vor allem das Abstammungsprinzip (ius sanguinis). Bereits 1950 verabschiedete das israelische Parlament das Rückkehrgesetz, das Juden aus dem Ausland grundsätzlich das Recht einräumt, sich in Israel niederzulassen und die Staatbürgerschaft zu erlangen. Ungeachtet dieses Privilegs ist der israelische Staat eine stabile Demokratie, in der die Gläubigen aller Konfessionen umfassende Partizipationsrechte und volle Religionsfreiheit genießen. Bereits in der am 14. Mai 1948 verkündeten Unabhängigkeitserklärung heißt es: «Er [d. h. der Staat Israel] wird all seinen Bürgern ohne Unterschied von Religion, Rasse und Geschlecht soziale und politische Gleichberechtigung verbürgen. Er wird Glaubens- und Gewissensfreiheit, Freiheit der Sprache, Erziehung und Kultur gewährleisten [...].»

Israels Gesellschaft ist heute mehrheitlich säkular geprägt. Religiöse und politische Ordnung bilden keine Einheit, doch findet auch keine strikte Trennung beider Sphären statt. Inwiefern das jüdische Sakralrecht zur Grundlage der staatlichen Verfassung gemacht werden kann und muss, ist vielmehr Gegenstand von Auseinandersetzungen, in denen auch die im Parlament vertretenen religiösen Parteien ihren Einfluss geltend zu machen suchen. Der Staat macht dem Religionsgesetz Zugeständnisse, wenn es etwa um die Einhaltung der Arbeitsruhe an Schabbat und Feiertagen geht. Halachische Rechtsnormen in Personenstandsfragen haben für jüdische Israelis de facto Gesetzescharakter, da der Staat hier die Zuständigkeit den unterschiedlichen Glaubensbekenntnissen unterstellt hat. Das gewählte orthodoxe Oberrabbinat und dessen nachgeordnete Religionsbehörden und Gerichtshöfe befassen sich mit Testamentsangelegenheiten und Unterhaltszahlungen ebenso wie mit Heiraten und Ehescheidungen der jüdischen Bevölkerung. Da zivilrechtliche Trauungen nicht vorgesehen sind, müssen Paare, die keine religiöse Zeremonie wünschen oder nach jüdischem Recht keine Ehe schließen dürfen, sich auf dem nahe gelegenen Zypern oder in einem anderen Land das Ja-Wort geben. Selbst israelische Hochzeiten, bei denen konservative oder progressive Rabbiner die Trauung vollziehen, finden keine offizielle Anerkennung.

96. Wie viele Juden leben in Israel und der Diaspora? Demographische Angaben zur Größe und Verteilung der jüdischen Weltbevölkerung stützen sich vielfach auf Schätzungen, die aber als relativ verlässlich gelten können. Demnach ist die Gesamtzahl der Juden bis 2012 auf knapp 14 Mio. gestiegen, von denen etwa sechs Mio., d. h. mehr als 40%, in Israel beheimatet sind. Mit 5,4 Mio. sind die USA das Land mit den meisten jüdischen Bürgern außerhalb des Heiligen Landes. Vier von fünf Menschen jüdischen Glaubens leben also in einem dieser beiden Staaten. In Israel und den Vereinigten Staaten liegen auch die fünf Großstadtregionen mit der größten Zahl jüdischer Bewohner. Über die Hälfte aller Juden lebt in einer der Metropolregionen Tel Aviv (3,3 Mio.), New York (2,0 Mio.), Los Angeles (662 000), Jerusalem (687 000) oder Haifa (708 000). Weitere Länder mit bedeutenden jüdischen Populationen sind Frankreich (478 000), Kanada (380 000), Großbritannien (290 000), Russland (190 000) und Argentinien (230 000). Noch vor Australien (112 000) und Brasilien (107 000) liegt Deutschland mittlerweile auf Platz acht der jüdischen

Bevölkerungsstatistik. Bedingt durch die Zuwanderung aus der ehemaligen Sowjetunion ist hier die Zahl der Mitglieder in den etwa 100 jüdischen Kultusgemeinden binnen zwanzig Jahren von 30 000 auf mehr als 100 000 Menschen angestiegen. Da sich viele jüdische Migranten keiner Synagogengemeinde angeschlossen haben, liegt die Zahl der Juden in der Bundesrepublik vermutlich sogar deutlich über 150 000.

97. Leben Juden in Deutschland auf gepackten Koffern? Die allermeisten deutschen Juden, die nach 1933 nicht rechtzeitig hatten entkommen können oder aber in solche Länder emigriert waren, die später von der Wehrmacht besetzt wurden, fielen der deutschen Vernichtungspolitik zum Opfer. Von einer halben Million Deutschen jüdischen Glaubens wurden 160 000 Frauen, Männer und Kinder während des Holocaust ermordet. Nur noch etwa 15 000 Juden lebten im Mai 1945 in Deutschland. Während 12 000 von ihnen als Partner einer gemischt konfessionellen Ehe von der Deportation verschont geblieben waren, hatten sich weitere 3000 im Versteck dem Zugriff der Nazis entziehen können oder waren mit gefälschter Identität untergetaucht. Hinzu kamen weitere 8500 Überlebende, die von den Alliierten aus Theresienstadt und anderen Konzentrationslagern befreit wurden.

Obwohl nach der Kapitulation vielerorts nach nur kurzer Zeit die zerstörten Synagogengemeinden wiedergegründet wurden, schien den Überlebenden eine dauerhafte Fortsetzung jüdischer Existenz im Land der Täter zunächst unvorstellbar. Im Gegenteil hoffte die Mehrheit auf eine schnellstmögliche Auswanderung. Dass die jüdische Bevölkerung im besetzten Deutschland zeitweilig drastisch ansteigen sollte, erscheint deshalb wie eine Ironie der Geschichte. Vor allem in die amerikanische Besatzungszone drängten jüdische osteuropäische Flüchtlinge (Displaced Persons, DPs), die sich nach dem Naziterror nun vor dem gewalttätigen Antisemitismus ihrer Heimatländer in Sicherheit brachten. Vorübergehend entstanden jüdische DP-Lager, von denen aber die meisten bis 1950 wieder aufgelöst wurden, da die Bewohner auswanderten. Freilich gelang nicht allen die Emigration nach Amerika oder in das seit 1948 unabhängige Israel. Viele waren zu krank oder zu alt, um noch einmal von vorne zu beginnen, anderen war es in der Zwischenzeit gelungen, sich eine neue Existenz aufzubauen.

In der jungen Bundesrepublik konsolidierte sich also eine kleine jüdische Gemeinschaft, deren deutsche und osteuropäische Mitglieder nicht ohne Spannungen beim Wiederaufbau eigener Institutionen zusammenarbeiteten. Die pragmatische Entscheidung für Deutschland traf in der jüdischen Welt auf Unverständnis, zumal weite Teile der nichtjüdischen deutschen Bevölkerung an ihrem Antisemitismus festhielten. Immerhin aber kamen den jüdischen Menschen Entschädigungen zugute, seit der Bundestag 1952/53 das erste «Wiedergutmachungsgesetz» verabschiedete. Einige jüdische Emigrantenfamilien kehrten aus dem Ausland zurück. In Westdeutschland stieg die Zahl der Gemeindemitglieder bis 1959 auf 21 500. Über die Gemeinden in der DDR brach in der Zeit des Spätstalinismus eine antisemitische Verfolgungswelle herein, so dass viele Juden – auch solche, die aus weltanschaulichen Motiven nach Ostdeutschland remigriert waren – 1952/53 in den Westen flohen.

Trotzdem galt die jüdische Gemeinschaft in der Bundesrepublik lange Zeit lediglich als Epilog der deutsch-jüdischen Geschichte. Von einer Normalität der Beziehungen zwischen Juden und Nichtjuden war während der ersten Nachkriegsjahrzehnte nicht zu sprechen. Das Gefühl, fremd im eigenen Land zu sein, und die Vorstellung, ihr Aufenthalt hier sei nur vorübergehend, verbanden viele Juden mit einer zionistisch geprägten Orientierung nach Israel. Eine positive Identifikation mit der Bundesrepublik konnte erst die nachfolgende Generation entwickeln. Seit den 1980er Jahren hat sie sich immer ausdrücklicher von der Vorstellung verabschiedet, auf gepackten Koffern zu sitzen. Für eine wachsende Zahl von jüdischen Menschen ist Deutschland nicht mehr nur Ort des Verweilens, sondern Heimat.

Eine historische Zäsur markierte die Entscheidung der Bundesregierung nach der Wiedervereinigung, die Grenzen für jüdische Migranten aus der Sowjetunion zu öffnen. Seit Beginn der 1990er Jahre sind etwa 200 000 Menschen jüdischer Herkunft als «Kontingentflüchtlinge» nach Deutschland gekommen, durch die sich das Erscheinungsbild der jüdischen Gemeinschaft tiefgreifend verändert hat. Aufgrund religionsgesetzlicher Kriterien bleiben allerdings viele zehntausend Neuankömmlinge mit jüdischen Wurzeln, die aber keine jüdische Mutter haben (s. *Frage 2*), außerhalb der Glaubensgemeinschaft. Aber auch jene, die den Kultusgemeinden beigetreten sind, standen vor einem schwierigen Integrationsprozess, da sie bei ihrer Ankunft in der Bundesrepublik meist weder über Kenntnisse der deutschen Sprache noch über Wissen zur jüdischen Religion und Kultur verfügten. Ob die Einwanderung also geeignet ist, jüdisches Leben in Deutschland substanziell zu stärken, wird erst die Zukunft erweisen.

98. Ist Klesmer die traditionelle Volksmusik der deutschen Juden?

Vor allem in den größeren deutschen Städten spiegelt sich das anhaltende Interesse an jüdischer Religion und Geschichte in einem zunehmend umfangreichen Veranstaltungsangebot wider. Dass auch eine verkitschende Inszenierung, Folklorisierung und Kommerzialisierung des jüdischen Erbes nicht ausbleibt, bezeichnet die Kehrseite dieser Entwicklung. Mitunter erlebt also das Publikum nur eine virtuelle, d. h. von Nichtjuden geschaffene «jüdische Kultur», die sich aber als authentisch präsentiert. Auch die gegenwärtige Beliebtheit des Klesmer sowohl bei vielen nichtjüdischen Musikern als auch in der nichtjüdischen Öffentlichkeit löst bei kritischen Betrachtern zuweilen Befremden aus. Kann durch diese Vereinnahmung doch zugleich der Eindruck entstehen, als ob Klesmer an eine Musiktradition anknüpft, die in Deutschland auch schon vor 1933 ihren angestammten Platz hatte. Für die allermeisten deutschen Juden des frühen 20. Jahrhunderts beschränkte sich der Genuss jüdischer Musik aber vermutlich auf einige Volkslieder sowie die religiösen Gesänge, die sie in der Synagoge hörten. Gerade im jüdischen Bürgertum galt die Liebe vielmehr der klassischen Musik.

Das Wort Klesmer geht auf das hebräische *kle semer* (Musikinstrumente) zurück. Die jiddische Sprache bezeichnete damit eine Musikkapelle oder auch einzelne Musiker. Klesmorim (Pl.) waren seit dem späten Mittelalter in den jüdischen Gemeinden Osteuropas unterwegs. Auf Hochzeiten und zu anderen festlichen Anlässen spielten sie zum Tanz auf und sorgten für die Unterhaltung der Gäste. Mit der jüdischen Masseneinwanderung aus Russland in die USA von 1880 bis in die 1920er Jahre gelangte dieser säkulare Musikstil auch in die Neue Welt, wo er aber bei den nachfolgenden Generationen der Vergessenheit anheim zu fallen drohte. Erst in den 1970er erlebte die Klesmertradition eine Renaissance, als junge amerikanische Juden sich wieder für die Musik ihrer Vorfahren begeisterten, sie weiter entwickelten und ihr, kommerziell vermarktet, zu neuer Popularität verhalfen. Jetzt war es das wiederbelebte Genre der jüdischen Instrumentalmusik selbst, das mit dem Begriff Klesmer bezeichnet wurde. Von

Amerika aus gelangte die Klesmermusik dann auch wieder auf den europäischen Kontinent, wo sie im Holocaust untergegangen war. Besonders die Musik des Klarinettisten Giora Feidman hat in Deutschland viele Nachahmer gefunden.

99. Welche Organisationen vertreten die Interessen der Juden in Deutschland? Durch die Migration aus den Staaten der ehemaligen Sowjetunion hat sich die Zahl der jüdischen Kultusgemeinden auf mittlerweile über 100 – mit mehr als 100 000 Mitgliedern – erhöht. Die meisten sind in den regionalen Landesverbänden organisiert, die sich wiederum unter dem Dach des Zentralrats der Juden in Deutschland zusammenfinden. Der 1950 gegründete Zentralrat, eine Körperschaft des öffentlichen Rechts, versteht sich als höchste politische Repräsentanz und offizieller Sprecher der jüdischen Gemeinschaft in Deutschland. In Verhandlungen mit den staatlichen Instanzen der Bundesrepublik kümmerte er sich anfänglich vor allem um die sog. «Wiedergutmachung». Dabei ging es sowohl um die Rückerstattung entzogener jüdischer Vermögenswerte als auch um die finanzielle Entschädigung erlittenen Unrechts während der NS-Zeit. Der Zentralrat ist zudem Mitglied der Conference on Jewish Material Claims against Germany (kurz: Claims Conference), eines Zusammenschlusses jüdischer Organisationen, der die materiellen Ansprüche von jüdischen Opfern des Nationalsozialismus vertritt. Auch zu jüdischen Organisationen wie dem European Council of Jewish Communities, dem European Jewish Congress und dem World Jewish Congress pflegt der Zentralrat der Juden vielfältige Beziehungen.

Seit 1999 haben der Zentralrat und seine Organe ihren Sitz in Berlin. Während die Gemeinden ihre Vertreter in die Ratsversammlung entsenden, setzt sich das Direktorium aus Delegierten der Landesverbände und Großgemeinden zusammen. Als Exekutive fungiert das neunköpfige Präsidium, dessen Mitglieder sowohl von der Ratsversammlung als auch vom Direktorium gewählt werden. Der Vorstand des Präsidiums, ein Präsident (bzw. eine Präsidentin) sowie zwei Vizepräsidenten, vertreten den Zentralrat in der Öffentlichkeit. Eine geschäftsführende Funktion erfüllt zudem der Generalsekretär, der die Beschlüsse des Direktoriums umsetzt.

Als historisches Ereignis ist der Staatsvertrag zu werten, der 2003 zwischen der Bundesregierung und dem Zentralrat der Juden geschlossen wurde. Darin vereinbaren die beiden Vertragspartner «eine

kontinuierliche und partnerschaftliche Zusammenarbeit in den Bereichen, die die gemeinsamen Interessen berühren und in der Zuständigkeit der Bundesregierung liegen». Um «zur Erhaltung und Pflege
des deutsch-jüdischen Kulturerbes, zum Aufbau einer jüdischen Gemeinschaft und zu den integrationspolitischen und sozialen Aufgaben des Zentralrats» beizutragen, verpflichtet sich die Bundesrepublik zu einer jährlichen Unterstützung, die derzeit zehn Millionen Euro
beträgt. Darüber hinaus hat die Bundesregierung zugesagt, dass die
Hochschule für Jüdische Studien ebenso wie das Zentralarchiv zur
Erforschung der Geschichte der Juden in Deutschland (beide in Heidelberg) als Einrichtungen des Zentralrats weiter in den Genuss staatlicher Förderungen kommen sollen – allerdings ausdrücklich auf
freiwilliger Basis.

Die zweite öffentliche Institution der Kultusgemeinden ist die
Zentralwohlfahrtsstelle der Juden in Deutschland (ZWST), 1951/52
gegründet in Anlehnung an die von den Nazis aufgelöste Zentralwohlfahrtsstelle der deutschen Juden. In enger Absprache mit dem
Zentralrat unterstützt die ZWST die Gemeinden in allen sozialen Be-
langen. Ihren Sitz hat die ZWST in Frankfurt a. M., doch unterhält sie
inzwischen eine Anzahl von Zweig- und Beratungsstellen in den neuen
Bundesländern. Seit der Wiedervereinigung gehört die Integration der
Migranten aus den Ländern der ehemaligen Sowjetunion zu den größten Herausforderungen der jüdischen Gemeinschaft. Vor Ort kommen deshalb Sozialarbeiter zum Einsatz; ein eigenes Referat kümmert sich um die Jugend- und Erziehungsarbeit; ein pädagogisches
Zentrum bemüht sich ebenfalls, jüdische Kinder und Heranwach-
sende mit der jüdischen Kultur und Tradition vertraut zu machen.

Eine Reihe von Verbänden verfolgt dezidiert religiöse Zielset-
zungen. Als Arbeitsgemeinschaft liberaler jüdischer Gemeinden und
Einrichtungen wurde 1997/2002 die Union progressiver Juden in
Deutschland gegründet. Chabad Lubawitsch (s. *Frage 89*), eine inter-
nationale chassidisch-orthodoxe Gruppierung mit Hauptsitz in New
York, hat zahlreiche Niederlassungen auch in deutschen Städten eingerichtet. Gefördert durch den Zentralrat, existiert seit 2004 die
Deutsche Rabbinerkonferenz, deren Vorstand sich zu gleichen Teilen
aus Vertretern der Orthodoxen Rabbinerkonferenz (ORK) und der
eher liberal ausgerichteten Allgemeinen Rabbinerkonferenz (ARK)
zusammensetzt. Sowohl die ORK als auch die ARK unterhalten einen
Gerichtshof (Bet Din), der religiöse Streitfragen und Schiedsangele-

genheiten verhandelt, sich aber vor allem mit Ehescheidungen und Übertritten zum Judentum befasst. Die Mitglieder der ORK sehen sich zugleich in der Pflicht, den religiösen Satzungen des Judentums im Alltag der Gläubigen größere Geltung zu verschaffen.

Weitere Organisationen widmen sich den unterschiedlichsten Aspekten jüdischer Gegenwart. Die Zionistische Organisation in Deutschland, die auf eine lange Vorkriegstradition zurückblickt, wurde 1951 neu gegründet. WIZO Deutschland (Women's International Zionist Organisation) engagiert sich besonders für Kinder, Jugendliche und Mütter in Israel. Auch die Initiative Bet Debora, in der sich jüdische Feministinnen zusammengeschlossen haben, zeugt für die zeitgenössische Vielfalt des jüdischen Vereinsleben. Einziger jüdischer Sportverband ist Makkabi Deutschland, dem sich 37 autonome Lokalvereine angeschlossen haben. Neben dem Bundesverband jüdischer Studierender in Deutschland existieren inzwischen auch mehrere jüdische Berufsverbände – unter anderem der Bund jüdischer Soldaten, der im Gedenken an den während der Weimarer Republik aktiven Reichsbund jüdischer Frontsoldaten gegründet wurde.

Zum Schluss

100. Kann man an deutschen Universitäten jüdische Religion und Geschichte studieren? Als selbstständige Disziplin musste sich die sog. «Wissenschaft des Judentums» während des gesamten 19. und noch bis weit ins 20. Jahrhundert hinein außerhalb der Universität entfalten. Erst seit den 1960er Jahren hat das Studium der Judaistik zunehmende Anerkennung gefunden, die sich auch in einer Anzahl von Studiengängen an deutschen Hochschulen niederschlägt – mit durchaus unterschiedlichen methodischen und theoretischen Ansätzen. Dabei blieb nicht aus, dass die Wortführer einer philologisch ausgerichteten Judaistik und die Vertreter eines multidisziplinär angelegten Fachs «Jüdische Studien» ihre Konflikte um das Selbstverständnis, die Voraussetzungen, Ziele und Aufgaben der eigenen Lehre und Forschung zum Teil auch öffentlich austrugen.

Seminare für Judaistik wurden zuerst an der Freien Universität Berlin sowie an den Universitäten Köln und Frankfurt a. M. etabliert, an denen lange Zeit vor allem das klassische Judentum und dessen Literatur im Mittelpunkt von Forschung und Lehre standen. Während die Frankfurter Stadt- und Universitätsbibliothek über die größte Hebraica- und Judaica-Sammlung der Bundesrepublik verfügt, gilt die als privater Verein gegründete Kölner Bibliothek Germania Judaica als bedeutendste Spezialbibliothek zu Geschichte und Kultur des deutschsprachigen Judentums.

Weitere Judaistik-Institute oder Lehrstühle wurden an den Universitäten Duisburg (jetzt Düsseldorf), Erfurt, Freiburg, Halle, München und Potsdam eingerichtet. Auch an einigen theologischen Fakultäten, etwa in Göttingen, Mainz, Münster und Tübingen, haben sich judaistische Professuren etabliert. Zudem existieren Forschungsinstitute für jüdische Geschichte in Duisburg, Hamburg, Leipzig, Potsdam und Trier. Das Europäische Zentrum für Jüdische Musik hat seinen Sitz an der Hochschule für Musik und Theater in Hannover. 1997 hat die Abteilung für Jüdische Geschichte und Kultur an der Universität München ihre Arbeit aufgenommen.

Eine Institution besonderer Art ist die 1979 in Heidelberg eröffnete Hochschule für Jüdische Studien, die sich in der Trägerschaft des Zentralrats der Juden in Deutschland befindet. Hier können Studierende nicht nur wissenschaftliche Abschlüsse erwerben, sondern

sich auch auf eine Berufstätigkeit in den Synagogengemeinden vorbereiten. Als Ausbildungsstätte für Rabbiner wurde 1999 das Abraham-Geiger-Kolleg in Potsdam gegründet, das dem liberalen Judentum nahesteht. 2006 hat auch das orthodoxe Rabbinerseminar in
Berlin seine Arbeit aufgenommen.

Im deutschsprachigen Ausland gibt es gleichfalls akademische
Lernangebote zum Judentum. In Österreich ist ein Studium der Judaistik bzw. der jüdischen Kulturgeschichte in Wien, Graz und Salz-
burg möglich, in der Schweiz wird das Fach an den Universitäten
Basel, Bern und Luzern gelehrt.

101. Und wenn ich mehr über Juden und Judentum erfahren will?

Angesichts einer unübersichtlichen Vielfalt an Publikationen zu den
unterschiedlichsten Fragestellungen der jüdischen Religion, Kultur
und Geschichte fällt die Orientierung zunehmend schwer. Einige
kommentierende Anregungen mögen deshalb hilfreich sein.

Wer einen unverstellten Blick auf die Tradition und Glaubenswelt
des Judentums werfen will, sollte sich zunächst mit den grundlegen-
den religionsgeschichtlichen Quellenwerken vertraut machen. Neben der Lutherbibel und anderen kirchennahen Übertragungen des
sog. Alten Testaments, die die hebräische Vorlage zu häufig christo-
logisch ausdeuten (s. Frage 5), hält der Buchhandel auch eine Anzahl
von älteren und jüngeren jüdischen Übersetzungen bereit. Alle Bibel-
zitate in diesem Buch basieren auf der von Leopold Zunz redigierten
Übersetzung der Heiligen Schrift, deren erste Auflage bereits 1837/38
erschien, die aber wegen ihrer philologischen Akribie heute noch im
Buchhandel erhältlich ist.

Für alle jene, die wissen wollen, wie die jüdische Auslegungstradition die Bibel gelesen und rezipiert hat, hat 2005 Hanna Liss eine
hilfreiche Einführung verfasst: *Tanach. Lehrbuch der jüdischen Bibel.*
Erst 1930–1936 erschien der Babylonische Talmud erstmals in einer
kompletten deutschen Übersetzung, die aus der Feder von Lazarus
Goldschmidt stammt. Das 12 Bände und mehrere tausend Seiten
umfassende Mammutwerk ist seither mehrfach wieder aufgelegt
worden. Kürzer fasst sich Günter Stemberger, dessen kommentierte
Textauszüge aus verschiedenen Talmudtraktaten von einer fundier-
ten Einführung begleitet sind (*Der Talmud*, 1982).

Johann Maiers *Geschichte der jüdischen Religion* (1972), die einen
Überblick von der hellenistischen Epoche bis zum modernen Juden-

tum des 19. und 20. Jahrhunderts verschafft, ist noch immer lesens-wert. Einem ehrgeizigen Unterfangen widmete sich Karl Erich Grö-zinger, dessen historische Gesamtdarstellung des jüdischen Glaubens in drei Bänden vorliegt (*Jüdisches Denken*, 2004–2009). Die Fähig-keit des Verfassers, Theologie, Philosophie und Mystik seit der vor-exilischen Zeit bis zum 19. Jahrhundert auf höchst anschauliche Weise auszubreiten, verdient Respekt – und eine wissbegierige Leser-schaft.

Ursprünglich in hebräischer Sprache verfasst, liegt die dreibän-dige *Geschichte des jüdischen Volkes* seit 1980 auch auf Deutsch vor. An dieser kenntnisreichen Darstellung, die schon Generationen von Studierenden der jüdischen Geschichte begleitet hat, waren neben dem Herausgeber Haim Hillel Ben-Sasson weitere israelische Histo-riker beteiligt, deren zionistische Grundanschauung einem teleolo-gischen Geschichtsverlauf das Wort redet. Konsequent endet der letzte Band mit der Unabhängigkeit und politischen Konsolidie-rung des Staates Israel. 2008 hat der Münchner Historiker Michael Brenner seine *Kleine jüdische Geschichte* vorgelegt, eine gut lesbare Ge-samtdarstellung in einem Band. Einen multiperspektivischen Blick auf die deutsch-jüdische Geschichte wirft ein reich illustrierter Sam-melband, den Arno Herzig in Zusammenarbeit mit Cay Rademacher herausgebracht hat (*Die Geschichte der Juden in Deutschland*, 2007). Mehr als zwanzig Autorinnen und Autoren rekonstruieren eine wechsel-volle Vergangenheit, die bis in das Mittelalter zurückreicht. Zuletzt darf auch ein Lesehinweis zur Verfolgung und Vernichtung der Juden zwischen 1933 und 1945 nicht fehlen: Saul Friedländer hat sein gro-ßes Werk über *Das Dritte Reich und die Juden* 2006 vollendet. In zwei Bänden entfaltet sich eine meisterhafte Geschichtsschreibung, für die der Autor mit Fug und Recht zahlreiche Auszeichnungen erhal-ten hat.

Den deutschsprachigen Zeitschriftenmarkt bereichert eine kleine Zahl jüdischer Periodika, die jedoch mit sinkenden Auflagen zu kämp-fen haben. An den Kiosken finden Interessierte vor allem die tradi-tionsreiche *Jüdische Allgemeine*, die als «Wochenzeitung für Politik, Kultur, Religion und jüdisches Leben» vom Zentralrat der Juden in Deutschland herausgegeben wird. Die *Jüdische Zeitung* wurde 2005 als unabhängiges Nachrichtenorgan ins Leben gerufen, sie hat aber 2014 das Erscheinen einstellen müssen. Überhaupt gewinnt das Inter-net als Informationsquelle an Bedeutung. Empfehlenswert ist das deutsch-jüdische Internetportal *haGalil.com*, das sich fast ausschließlich aus Spenden finanziert und ein breites Spektrum von Themen abdeckt.

Glossar

Alija (Pl. Alijot): wörtl. «Aufstieg»; Aufruf zur Lesung aus der ⟶ Tora im Gottesdienst; auch: Einwanderung nach Israel

Almemor: Lesepult der ⟶ Tora

Aschkenase: Jude mittel- oder osteuropäischer Herkunft; vgl. ⟶ Sefarde

Bar Mizwa: wörtl. «Sohn der Pflicht», bezeichnet sowohl den mündig gewordenen Jungen als auch die Initiationsfeier zu diesem Anlass

Bet Din: rabbinischer Gerichtshof

Bima: ⟶ Almemor

Bracha, Brachot: Segensspruch

Brit Mila: (Bund der) Beschneidung

Chabad: Gruppierung der ⟶ Chassidim

Chag: Hauptfeiertag

Challa: wörtl. «Teighebe»; ursprünglich Opfergabe, Bezeichnung sowohl für die Pflicht, ein Stück Teig des Sabbatbrotes abzusondern, als auch für das Sabbatbrot selbst

chamesch Megillot: die fünf Schriftrollen (Hoheslied, Ruth, Klagelieder, Prediger und Esther)

Chanukka: wörtl.: Einweihung; Lichterfest in Erinnerung an die Reinigung des Jerusalemer Tempels durch die Makkabäer

Charedim: Selbstbezeichnung der ultraorthodoxen Juden

Chassidim: Anhänger einer im 18. Jahrhundert gegründeten mystisch-religiösen Erweckungsbewegung

Halacha, Halachot: wörtl.: Gang, Wandel; Religionsgesetz

Jiskor: Trauergebet

Jom Kippur: Versöhnungstag

Kabbala: wörtl.: Überlieferung; Bezeichnung der jüdischen Mystik seit dem Mittelalter

Kaddisch: aram. Gebet aus dem täglichen Gottesdienst

Ketubba: religiöser Ehevertrag

Kiddusch: wörtl. Heiligung; Weihesegen zur Begrüßung des ⟶ Schabbat

Kohen: Angehöriger des Priestergeschlechts

Maariv: Abendgebet

Menora: (siebenarmiger) Leuchter

Mesusa: wörtl. Türpfosten; Kapsel mit Bibelversen, die am Türrahmen befestigt wird

Midrasch: rabbinische Auslegung der Bibel

Mikra: Bezeichnung für die Hebräische Bibel

Mikwe: rituelles Tauchbad

Mincha: Nachmittagsgebet

Minjan: wörtl.: Zahl; Quorum von zehn Männern für den Gottesdienst

Mischna: wörtl.: Wiederholung, Lehre; erste autoritative Gesetzessammlung des nachbiblischen Judentums

Mitnagdim: orthodoxe Gegner der → Chassidim

Mizwa: Pflicht, Gebot

Mussaf: Zusatzgottesdienst an den Ruhe- und Feiertagen

Pessach: Fest zum Andenken an den Auszug aus Ägpyten

Pikuach Nefesch: (talmudisches Prinzip der) Lebensrettung

Purim: Losefest zur Erinnerung an die Errettung der persischen Juden

Rosch Haschana: Neujahrsfest

Schabbat: der Ruhetag Sabbat

Schacharit: Morgengebet

Schavuot: Wochenfest zur Erinnerung an die sinaitische Offenbarung

Schechina: Gottes Gegenwart in der Welt

Schma Jisrael: Gebet «Höre Israel»

Sefarde: Nachfahre spanisch-portugiesischer Juden; vgl. → Aschkenase

Sukkot: Laubhüttenfest zur Erinnerung an die Wüstenwanderung der Israeliten

Tallit: Gebetsschal

Talmud: wörtl. Studium, Lehre; Sammelwerk mündlicher Überlieferungen und wesentliche Grundlage der → Halacha

Tanach: → Mikra

Tefillin: Gebetsriemen

Tora: wörtl. Lehre, bezeichnet sowohl den Pentateuch als auch die religiöse Weisung insgesamt

Zu den Abbildungen

Neben den Kapitelüberschriften befinden sich Abbildungen aus einer von dem mährischen Künstler Josef Leipnik geschriebenen und illustrierten Pessach-Haggada. Die 1738 in Altona angefertigte Handschrift befindet sich in der Amsterdamer Bibliotheca Rosenthaliana (Hs. Ros. 382; als Faksimile gedruckt: Tel Aviv 1987).

Zur Einleitung: Das Pessachlamm (folio 14v)
Bibel und jüdische Literatur: «Die Zehn Gebote» aus dem Lied «Eins, wer weiß es» (folio 30r)
Glaube und Gott: «Einzig ist unser Gott im Himmel und auf Erden» aus dem Lied «Eins, wer weiß es» (folio 28v)
Gesetz und Ethik: Moses empfängt am Sinai die Zehn Gebote (folio 13v)
Symbole und Zeichen: «Die fünf Bücher der Tora» aus dem Lied «Eins, wer weiß es» (folio 29r)
Gebet und Gottesdienst: Havdala-Zeremonie (folio 3v)
Schabbat und Festkultur: «Die elf Sterne» (im Traum des Josef) aus dem Lied «Eins, wer weiß es» (folio 30r)
Lebenszyklus und Geschlecht: «Die neun Monate der Schwangerschaft» aus dem Lied «Eins, wer weiß es» (folio 29v)
Einheit und Vielfalt: David, der Psalmist, spielt die Harfe (folio 20v)
Israel und Diaspora: Der Tempel in Jerusalem (folio 28r)
Zum Schluss: «Die sechs Ordnungen der Mischna» aus dem Lied «Eins, wer weiß es» (folio 29r)

Aus dem Verlagsprogramm

Die 101 wichtigsten Fragen

Johann Hinrich Claussen
Die 101 wichtigsten Fragen – Christentum
3. Auflage. 2007. 150 Seiten mit 12 Abbildungen. Paperback
Beck'sche Reihe Band 1676

Ursula Spuler-Stegemann
Die 101 wichtigsten Fragen – Islam
3., aktualisierte Auflage. 2014. 149 Seiten. Broschiert
C.H.Beck Paperback Band 7005

Hans van Ess
Die 101 wichtigsten Fragen – China
2., durchgesehene und aktualisierte Auflage. 2012.
160 Seiten mit 8 Abbildungen und 1 Karte. Paperback
Beck'sche Reihe Band 7012

Asfa-Wossen Asserate
Die 101 wichtigsten Fragen und Antworten – Afrika
2010. 192 Seiten mit 10 Abbildungen und Vignetten und
1 Karte auf dem vorderen und hinteren Vorsatz
nach einer Karte im Text. Gebunden
Beck'sche Reihe Band 7023

Ulrike Rüpke, Jörg Rüpke
Die 101 wichtigsten Fragen: Götter und Mythen der Antike
2010. 160 Seiten mit 20 Abbildungen im Text und den
12 Taten des Herkules im Vorsatz. Paperback
Beck'sche Reihe Band 7028

Thomas Schneider
Die 101 wichtigsten Fragen – Das Alte Ägypten
2010. 157 Seiten mit 8 Abbildungen und 2 Karten. Paperback
Beck'sche Reihe Band 7026

C.H.Beck München

Jüdische Geschichte und Kultur

Marion Aptroot, Roland Gruschka
Jiddisch
Geschichte und Kultur einer Weltsprache
2010. 192 Seiten mit 12 Abbildungen und 1 Karte. Paperback
Beck'sche Reihe Band 1621

Michael Brenner
Kleine jüdische Geschichte
2012. 374 Seiten mit 20 Abbildungen und 5 Karten. Paperback
Beck'sche Reihe Band 1994

Michael Brenner
Geschichte des Zionismus
3., durchgesehene und aktualisierte Auflage. 2008.
128 Seiten mit 3 Abbildungen und 3 Karten. Paperback
C.H.Beck Wissen Band 2184

Kurt Schubert
Jüdische Geschichte
7. Auflage. 2012. 144 Seiten. Paperback
C.H.Beck Wissen Band 2018

Günter Stemberger
Jüdische Religion
6. Auflage. 2009. 119 Seiten. Paperback
C.H.Beck Wissen Band 2003

David Nirenberg
Anti-Judaismus
Eine andere Geschichte des westlichen Denkens
Historische Bibliothek der Gerda Henkel Stiftung
Aus dem Englischen von Martin Richter
2015. 587 Seiten. Leinen

C.H.Beck München